Schneelöwe

Chögyam Trungpa · Das Buch vom meditativen Leben

CHÖGYAM TRUNGPA

Das Buch vom meditativen Leben

Die Shambhala-Lehren
vom Pfad des Kriegers
zur Selbstverwirklichung
im täglichen Leben

Otto Wilhelm Barth Verlag

2. Auflage 1987
Einzig berechtigte Übersetzung
aus dem Amerikanischen von Jochen Eggert.
Titel der Originalausgabe: «Shambhala. The Sacred Path of the Warrior».
Copyright © 1984 by Chögyam Trungpa. Published by arrangement
with Shambhala Publications, Inc., Boston, MA 02116.
Gesamtdeutsche Rechte beim Scherz Verlag, Bern,
München, Wien, für den Otto Wilhelm Barth Verlag.
Alle Rechte der Verbreitung, auch durch Funk, Fernsehen,
fotomechanische Wiedergabe, Tonträger jeder Art und
auszugsweisen Nachdruck, sind vorbehalten.
Schutzumschlag von Gerhard Noltkämper.

Für Gesar von Ling

Er, der weder Anfang noch Ende hat,
Sein ist die Herrlichkeit von Tiger, Schneelöwe,
    Garuda und Drache,
Sein ist das Vertrauen jenseits der Worte –
Zu seinen Füßen huldige ich dem Rigden-König.

Inhalt

Dritter Teil: Authentische Gegenwart

Vorwort der Herausgeberin

Chögyam Trungpa ist westlichen Lesern vor allem durch seine Bücher über die Lehren des Buddhismus bekannt, darunter so vielgelesene Werke wie *Spiritueller Materialismus, Das Märchen von der Freiheit* oder *Aktive Meditation*. Das vorliegende Buch unterscheidet sich jedoch ganz wesentlich von den bisherigen Arbeiten. Obgleich die Shambhala-Lehre, wie der Autor deutlich macht, vom Buddhismus und seiner Erfahrungswelt geprägt ist und obgleich auch von der Bedeutung der Meditation in der traditionellen Sitzhaltung die Rede ist, hat dieses Buch einen eher weltlichen als religiösen Charakter. Kaum ein halbes Dutzend tibetischer Begriffe finden im Text Verwendung, dafür spricht das Buch durch Tonfall und Inhalt direkt – und manchmal schmerzhaft direkt – die Erfahrung und Herausforderungen des Menschseins an.

Schon durch den Namen, mit dem der Autor seine Einführung signiert – Dorje Dradul von Mukpo –, unterscheidet er dieses Buch von seinen früheren. Hier geht es um den Weg des Kriegers, den Weg der Tapferkeit, den jeder gehen kann, der ein authentisches und furchtloses Leben sucht. Der Titel *Dorje Dradul* bedeutet soviel wie

«unzerstörbarer» oder «demantener Krieger». Mukpo ist
der Familienname des Autors, der jedoch schon in seiner
Kindheit durch den buddhistischen Titel Chögyam Trungpa Rinpoche ersetzt wurde. Im elften Kapitel erzählt der
Autor davon, welche Bedeutung der Name Mukpo für ihn
hat, und weist damit darauf hin, warum er ihn in diesem
Zusammenhang verwendet hat.

Chögyam Trungpa benutzt die Legende und die Bilder-
welt des Shambhala-Königreichs als Hintergrund für seine
Darstellung, macht aber zugleich deutlich, daß er hier
nicht die buddhistische *Kālachakra*-Lehre über Shambhala
vorlegen will. Vielmehr bezieht er sich auf ein uraltes
Wissen, dessen Ursprünge sich im Dunkel der Vorgeschichte verlieren, für das aber die vorindustriellen Zivilisationen von Tibet, Indien, China, Japan und Korea ein
beredtes Zeugnis sind. Insbesondere bezieht dieses Buch
seine Inspiration und Bildersprache aus der Kriegerkultur
Tibets, die älter ist als der Buddhismus und ihren prägen-
den Einfluß auf die tibetische Gesellschaft bis zur chinesi-
schen Invasion 1959 behielt. Doch welchen Quellen die
hier beschriebene Weltsicht auch entsprungen sein mag,
sie ist bisher noch nirgendwo sonst dargestellt worden. Sie
ist eine ganz eigenständige und unvergleichbare Aussage
über die Situation der Menschheit und das Potential der
menschlichen Existenz – aufrüttelnd durch ihren beinahe
unheimlich vertrauten Klang: Es ist, als hätten wir die
Wahrheit, die hier ausgesprochen wird, schon immer
gekannt.

Das Interesse des Autors am Shambhala-Reich geht auf
seine Zeit in Tibet zurück, während der er oberster Abt der
Surmang-Klöster war. Schon als junger Mann studierte er
tantrische Texte über das legendäre Shambhala-Reich,
über die Wege dorthin und über dessen innere Bedeutung.
1959, auf der Flucht vor den kommunistischen Chinesen,

schrieb Chögyam Trungpa über den spirituellen Gehalt
der Geschichte von Shambhala, doch diese Arbeit ging
leider unterwegs verloren. James George, der frühere
Hohe Kommissar Kanadas in Indien und persönlicher
Freund des Autors, berichtet, Chögyam Trungpa habe ihm
1968 erzählt, er sei zwar nie in Shambhala gewesen, glaube
aber an seine Existenz und könne es sogar sehen, wenn er
in tiefer Meditation in seinen Spiegel blicke. Dann erzählt
George, wie er einmal Zeuge war, als der Autor in einen
kleinen Handspiegel schaute und das Königreich Shambhala in allen Einzelheiten beschrieb: «Da saß Trungpa in
unserem Arbeitszimmer und beschrieb, was er sah, als
schaute er aus dem Fenster.»

Als Chögyam Trungpa dann in den Westen kam, scheint
er das Thema «Shambhala» trotz seines tiefen Interesses
zunächst bis auf gelegentliche Randbemerkungen gemie-
den zu haben. Erst 1976, wenige Monate vor Beginn einer
einjährigen Periode der Zurückgezogenheit kam er wieder
auf die Bedeutung der Shambhala-Lehre zu sprechen.
Beim Vajradhātu-Seminar dieses Jahres, einem dreimona-
tigen Schulungskurs für Fortgeschrittene, hielt er mehrere
Vorträge über das Shambhala-Prinzip. Im nächsten Jahr
begann er während seiner Zurückgezogenheit mit der
Niederschrift einer Reihe von Essays über Shambhala, und
er forderte seine Schüler auf, ein weltliches, öffentliches
Meditationsprogramm einzuführen, dem er den Namen
«Shambhala-Schulung» gab.

Seit dieser Zeit hat der Autor weit über hundert Vorträge zum Themenkreis der Shambhala-Weltsicht gehalten, manche davon vor den Teilnehmern des Shambhala-
Schulungsprogramms, die meisten aber vor den Leitern
und Lehrern dieses Programms. Einige dieser Vorträge
wurden in verschiedenen Städten der Vereinigten Staaten öffentlich gehalten. Schließlich wurde noch eine

Gruppe von Vorträgen zu einem öffentlichen Seminar unter dem Thema «Der Shambhala-Krieger» zusammengefaßt, das Chögyam Trungpa 1979 zusammen mit Ösel Tendzin am Naropa-Institute in Boulder, Colorado, abhielt.

Um ein Konzept für das vorliegende Buch zu finden, hat die Herausgeberin unter der Führung des Autors sämtliche Vorträge zum Thema gesichtet und für jedes Hauptmotiv des Buchs die beste oder für den ins Auge gefaßten Zweck am besten geeignete Darstellung ausgesucht. Zusätzlich hat der Autor Originalbeiträge verfaßt, vor allem die Betrachtung über die Edlen Tugenden «sanftmütig», «munter» und «unerhört», die ins 20. Kapitel aufgenommen wurde; den Abschnitt über die Edle Tugend «unergründlich» (ebenfalls in Kapitel 20) hatte er bereits während seiner Klausur im Jahre 1977 verfaßt.

In der Entscheidung über die Kapitelfolge und die logische Progression der Themen haben wir uns überwiegend an den ursprünglichen Vorträgen orientiert. Beim Studium des Materials konnten wir feststellen, daß die Shambhala-Lehre nicht nur der Logik des Verstandes, sondern auch der Logik des Herzens folgt. Ebenso auf Intuition wie auf den Intellekt gegründet, bildet das Gewebe dieser Lehren die menschliche Erfahrung in komplexen und manchmal sogar scheinbar gegenläufigen Mustern ab. Um diesen Charakter zu bewahren, haben wir die Struktur des Buchs aus dem ursprünglichen Aufbau der Vorträge abgeleitet. Es liegt in der Natur des Materials, daß sich hieraus manchmal paradox oder gar widersprüchlich erscheinende Darstellungen bestimmter Gegenstände ergeben. Dennoch kamen wir zu der Ansicht, daß der Fluß und die Geschlossenheit des Ganzen am besten gewahrt blieben, wenn wir uns an die innere Logik der ursprünglichen Darstellung hielten.

Diese Achtung vor der Integrität des Originals bestimmte auch die sprachliche Bearbeitung. So nimmt der Autor zum Beispiel gern geläufige Begriffe wie etwa «Güte» und gibt ihnen einen ungewöhnlichen Sinn.* Das trägt dazu bei, unseren Blick für das zu öffnen, was Chögyam Trungpa die «Heiligkeit des Alltäglichen» nennt. Zugleich entkleidet er damit auch Begriffe wie «das Magische» ihres esoterischen Charakters und zeigt, welchen sehr realen Sinn sie in unserer normalen Erfahrungswelt annehmen können. Manches mag durch diese Technik, den gewohnten Sprachgebrauch hier und da ein wenig zu strecken, zunächst fremd klingen, aber es zeigt sich, daß so mit einfachsten sprachlichen Mitteln ein subtiles Verständnis geweckt werden kann. Bei unserer redaktionellen Arbeit haben wir uns bemüht, die Stimme des Autors möglichst unverfälscht sprechen zu lassen.

Schon bevor die editorische Arbeit für dieses Buch begann, sind etliche der Vorträge bereits für den Gebrauch im Rahmen des Shambhala-Schulungsprogramms bearbeitet worden. Den daran Beteiligten sei herzlich gedankt, denn sie haben uns die Herausgabe dieses Buches mit ihrer Vorarbeit beträchtlich erleichtert.

Gliederung und Aufbau der Shambhala-Schulung waren uns bei der Ordnung des Materials ebenfalls eine große Hilfe, und wir danken allen, die diesen Aufbau im Verlauf der letzten Jahre gemeinsam mit dem Autor entwickelt haben. Unser besonderer Dank gebührt Ösel Tendzin, dem Mitbegründer der Shambhala-Schulung und Chögyam Trungpas Dharma-Nachfolger. Er hat uns wäh-

---

* Um diesen Sinn genauer zu treffen, ist das Wort mit «Gutsein» ins Deutsche übersetzt (Anm. d. Übers.).

rend der ganzen Dauer der Arbeit beraten, indem er zunächst den ursprünglichen Anlageplan des Buchs kritisch begutachtete und uns in den verschiedenen Stadien der Entwicklung immer wieder mit Rat und Kritik zur Seite stand.

Eine ähnliche Rolle spielte auch Mr. Samuel Bercholz, unser Verleger. Wie schon der Name «Shambhala Publications» zeigt, den er seinem Verlag 1968 gab, fühlt er sich dem Shambhala-Reich und seiner Weisheit tief verbunden. Sein Glaube an dieses Projekt und sein stets waches Interesse daran bildeten einen großen Teil der Antriebskraft für die Entwicklung und Fertigstellung des Manuskripts. Nicht zuletzt danken wir auch Ken Wilber, dem Herausgeber der New Science Library und Autor von *Halbzeit der Evolution*[*] und anderen Büchern. Er hat das fertige Manuskript gelesen, und seine detaillierten und pointierten Kommentare führten zu beträchtlichen Änderungen in der endgültigen Fassung.

Es ist hier leider nicht möglich, all jene namentlich zu erwähnen, die uns mit ihrer Arbeit mittelbar oder unmittelbar geholfen haben, doch unser Dank gilt einem jeden von ihnen. Noch weniger möglich ist es aber, unseren Dank gegenüber dem Autor dieses Buchs zum Ausdruck zu bringen. Er hat nicht nur auf der sachlichen Ebene eng mit den Herausgebern zusammengearbeitet, sondern schien auch eine Atmosphäre von Magie und Kraft zu schaffen, von der das ganze Projekt durchtränkt und inspiriert wurde. Das mag ziemlich hochtrabend klingen, aber wer dieses Buch gelesen hat, wird vielleicht verstehen, was wir meinen. Der Autor schien diesen Text mit Kraft zu erfüllen, so daß er sich über die begrenzte Sicht seiner Herausgeber erheben konnte. Uns bleibt nur zu

---

[*] Scherz Verlag, Bern, München, Wien, 1984.

hoffen, daß wir ihn nirgendwo verdunkelt oder verwässert haben. Möge die Shambhala-Lehre dazu beitragen, alle Wesen von der Bedrohung durch die untergehende Sonne zu befreien.

Carolyn Rose Gimian
Boulder, Colorado

Einführung

Ich bin sehr froh, daß ich in diesem Buch die Shambhala-Weltsicht vorstellen kann: Sie ist, was die Welt braucht und wonach die Welt hungert. Ich möchte jedoch sofort klarstellen, daß hier nicht die Geheimnisse der tantrischen Tradition der Shambhala-Lehren enthüllt werden und daß auch nicht von der Philosophie des *Kālachakra* die Rede sein wird. Dieses Buch will vielmehr ein Leitfaden sein für Menschen, denen das Prinzip der Heiligkeit und Würde des Lebens, das Prinzip der Kriegerschaft, verlorengegangen ist. Die Grundzüge der Kriegerschaft, wie sie in den alten Zivilisationen Indiens, Tibets, Chinas, Japans und Koreas verkörpert waren, werden uns hier insbesondere beschäftigen. Dieses Buch zeigt, wie wir unsere Lebensführung verfeinern und dem wahren Sinn der Kriegerschaft Geltung verschaffen können. Es ist inspiriert vom Beispiel und von der Weisheit des großen tibetischen Königs Gesar von Ling – seine Unergründlichkeit und Furchtlosigkeit, seine Überwindung der Barbarei durch die Vier Edlen Tugenden (symbolisiert als Tiger, Löwe, Garuda und Drache) sind das große Vorbild.

Ich bin dankbar, daß es mir in der Vergangenheit vergönnt war, die Weisheit und Würde des menschlichen

Lebens im Kontext der religiösen Lehren des Buddhismus darzustellen. Hier ist es mir nun eine große Freude, die Prinzipien der Shambhala-Kriegerschaft vorstellen zu können und zu zeigen, wie wir unser Leben als Krieger führen können – freudig und furchtlos und ohne einander zu schaden oder gar zu vernichten. Es geht um die Vision der Großen Östlichen Sonne *(Sharchen Nyima)*. Es geht darum, daß das Gutsein in unser aller Herzen verwirklicht werden kann.

Dorje Dradul von Mukpo

Erster Teil:

Wie man als Krieger lebt

Aus dem großen kosmischen Spiegel,
Ohne Anfang und ohne Ende,
Wurde die menschliche Gesellschaft manifest.
Zu der Zeit entstanden auch Befreiung und Verwirrung.
Als Furcht und Zweifel auftraten
Gegenüber dem Vertrauen, das vom Ursprung her frei ist,
Erhoben sich Feiglinge ohne Zahl.
Wo man sich dem vom Ursprung her freien Vertrauen
Freudig überließ,
Erhoben sich Krieger ohne Zahl.
Die zahllosen Horden von Feiglingen
Verbargen sich in Höhlen und Dickichten.
Sie töteten ihre Brüder und Schwestern und aßen ihr
    Fleisch,
Sie folgten dem Beispiel der Tiere,
Sie versetzten einander in Angst und Schrecken.
So nahmen sie sich selbst das Leben.
Sie schürten ein großes Feuer des Hasses,
Beständig wühlten sie den Schlamm im Strom der Lust auf,
Sie suhlten sich im Sumpf der Trägheit:
Das Zeitalter von Hunger und Seuchen brach an.

Von denen, die dem ursprünglichen Vertrauen treu
  blieben,
Den vielen Kriegerscharen,
Gingen manche in die Berge der Hochländer
Und errichteten herrliche Kristallburgen.
Manche gingen in die Länder der lieblichen Seen und
  Inseln
Und bauten dort schöne Paläste.
Manche gingen in die milden Ebenen
Und legten Felder an für Gerste, Reis und Weizen.
Sie lebten immer ohne Streit,
Stets liebevoll und sehr großzügig.
Ohne Ansporn, nur durch ihre Unergründlichkeit, die aus
  sich selbst heraus besteht,
Blieben sie stets dem königlichen Rigden ergeben.

1. Die Schaffung einer erleuchteten Gesellschaft

Die Shambhala-Lehre geht davon aus, daß es eine tiefe menschliche Weisheit, mit der die Probleme der Welt überwunden werden können, tatsächlich gibt. Und diese Weisheit gehört weder einer bestimmten Kultur oder Religion, noch stammt sie *nur* aus dem Westen oder *nur* aus dem Osten: Es ist die Tradition menschlicher Kriegerschaft, für die es aus allen Zeitaltern und vielen Kulturen Zeugnisse gibt.

In Tibet und anderen fernöstlichen Ländern gibt es Geschichten über ein legendäres Königreich, das für spätere asiatische Gesellschaften eine Quelle der Gelehrsamkeit und Kultur gewesen sein soll. Die Legenden beschreiben es als ein blühendes Reich des Friedens, regiert von weisen und erbarmungsvollen Herrschern. Seine Bewohner waren ebenso freundlich und gebildet – alles in allem eine Mustergesellschaft. Dieses Reich wurde Shambhala genannt.

Es heißt, der Buddhismus habe eine bedeutende Rolle bei der Entwicklung der Shambhala-Gesellschaft gespielt. Shākyamuni-Buddha, so erzählen die Legenden, gab dem ersten König von Shambhala, Dawa Sangpo, hohe tantrische Unterweisungen. Diese Lehren, bis heute bewahrt als das *Kālachakra-Tantra*, gehören zum Tiefsten, was der tibetische Buddhismus an Weisheit hervorgebracht hat. Nach der Unterweisung des Königs, so berichten die Legenden weiter, begannen alle Menschen von Shambhala mit der Praxis der Meditation und folgten fortan dem buddhistischen Pfad der liebenden Zuwendung und Verantwortung gegenüber allen Lebewesen. So wurden nicht nur die Könige, sondern alle Bewohner dieses Reichs zu hochentwickelten Menschen.

Unter den heutigen Tibetern ist der Glaube lebendig, daß es das Shambhala-Reich noch gibt, irgendwo in einem abgelegenen Tal des Himālaya versteckt. Es gibt sogar buddhistische Texte, die sehr detaillierte, aber schwerverständliche Angaben dazu machen, wie Shambhala zu erreichen sei. Zu der Frage, ob man diese Texte wörtlich oder metaphorisch auffassen soll, gehen die Meinungen allerdings auseinander. Es gibt sogar Texte, die genaue Beschreibungen des Königreichs enthalten. So liegt Shambhala beispielsweise nach dem *Großen Kommentar zum Kālachakra* des im vorigen Jahrhundert lebenden buddhistischen Lehrers Mipham nördlich des Sita-Flusses und wird durch acht Bergzüge unterteilt. Der Palast der Rigden, der königlichen Herrscher von Shambhala, krönt den Gipfel eines kegelförmigen Berges in der Mitte des Landes. Dieser Berg, so erzählt Mipham, wird Kailāsa genannt. Der Palast, er wird Kālapa-Palast genannt, umfaßt ein weites Gebiet von vielen Quadratmeilen. Vor dem Palast, im Süden, liegt der wunderschöne Malaya-Park, und in seiner Mitte steht ein Tempel, den Dawo Sangpo erbaute und dem Kālachakra weihte.

Andere Legenden berichten, das Königreich Shambhala sei vor vielen Jahrhunderten vom Erdboden verschwunden. Irgendwann sei schließlich die gesamte Einwohnerschaft erleuchtet gewesen, und das ganze Reich sei dadurch in einen himmlischen Bereich versetzt worden. Nach diesen Berichten wachen jedoch die Rigden-Könige von Shambhala weiterhin über das Leben der Menschheit und werden eines Tages zurückkehren, um sie vor der Vernichtung zu bewahren. Viele Tibeter glauben, daß der große Kriegerkönig Gesar von Ling von der Weisheit Shambhalas inspiriert war und von den Rigden-Königen beraten wurde. Von Gesar wird gesagt, er sei nicht selbst in Shambhala gewesen, also muß seine Beziehung zum Königreich spiritueller Natur gewesen sein – wieder ein Hinweis auf den Glauben, daß das Shambhala-Reich nicht von dieser Welt ist. Gesar lebte etwa im 11. Jahrhundert und regierte das Provinzkönigreich Ling in der Provinz Kham in Osttibet. Nach seiner Regentschaft verbreiteten sich die Geschichten über seine Leistungen als Krieger in ganz Tibet und wurden schließlich zum größten Epos der tibetischen Literatur. Manche Legenden erzählen, Gesar werde eines Tages als Führer einer großen Streitmacht aus Shambhala zurückkehren und die Mächte der Finsternis in der Welt besiegen.

In neuerer Zeit haben manche westliche Gelehrte die Ansicht vertreten, Shambhala könne tatsächlich eines der historisch dokumentierten Reiche der Frühzeit gewesen sein, etwa das Königreich Zhang-Zhung in Zentralasien. Die meisten Forscher glauben jedoch, daß die Geschichten um Shambhala durchweg mythischer Natur sind. Aus dieser Sicht liegt es nahe, Shambhala als pure Fiktion abzutun; aber genausogut kann man die Legende als Ausdruck eines tiefverwurzelten und sehr realen Verlangens nach einem guten und erfüllten Leben verstehen. Tatsächlich gibt es unter den buddhistischen Lehrern Tibets eine lange Tradition, das Shambhala-Reich nicht als einen Ort «da draußen» zu betrachten, sondern als die Basis oder Wurzel von Wachheit und geistiger Gesundheit, die jeder Mensch als Potential in sich trägt. So betrachtet, spielt es keine Rolle mehr, ob das Shambhala-Reich nun Tatsache oder Fiktion ist. Es ist der metaphorische Ausdruck für das Ideal der erleuchteten Gesellschaft, und als das sollten wir es betrachten und uns zum Vorbild nehmen.

Im Laufe der letzten Jahre habe ich eine Serie von «Shambhala-Unterweisungen» vorgelegt, in denen das Shambhala-Reich als ein Sinnbild das Ideal der weltlichen

Erleuchtung repräsentiert. Darunter verstehe ich die Möglichkeit, unser Leben und das Leben anderer außerhalb jedes religiösen Kontexts zu bereichern und zu erhöhen. Die Shambhala-Lehre beruht zwar auf der geistigen Klarheit und Sanftheit der buddhistischen Tradition, besitzt aber auch eine eigene unabhängige Basis, und die besteht aus nichts weiter als der Entwicklung und Veredelung dessen, was wir als Menschen *sind*. Angesichts der großen Probleme, denen die Menschheit heute gegenübersteht, scheint es von Tag zu Tag dringender zu werden, einfache und nicht an bestimmte Glaubensformen gebundene Möglichkeiten der Arbeit an uns selbst und der Kommunikation unserer Einsichten zu finden. Die Shambhala-Lehre oder ganz allgemein «Shambhala-Weltsicht» ist einer der Ansätze, die sich uns heute bieten, um zu einem gesunden, menschengerechten Leben zu finden.

Wir alle betrachten den gegenwärtigen Zustand der Welt mit Besorgnis: die Drohung des Atomkriegs, Armut und ökonomische Labilität, soziales und politisches Chaos, die seuchenartige Verbreitung psychischer Störungen. Eine Welt voller Unruhen und Krisen. Die Shambhala-Lehre geht davon aus, daß es eine tiefe menschliche Weisheit, mit der die Probleme der Welt überwunden werden können, tatsächlich gibt. Und diese Weisheit gehört weder einer bestimmten Kultur oder Religion, noch stammt sie *nur* aus dem Westen oder *nur* aus dem Osten: Es ist die Tradition menschlicher Kriegerschaft, für die es aus allen Zeitaltern und vielen Kulturen Zeugnisse gibt.

Wenn wir hier «Krieger» sagen, so ist damit nicht jemand gemeint, der andere mit Krieg überzieht. Aggression ist der Grund für unsere Probleme, nicht ihre Lösung. Wir leiten das Wort «Krieger» vielmehr von dem tibetischen *Pawo* ab, und das bedeutet wörtlich «einer, der tapfer ist». Kriegerschaft bezeichnet also die Tradition

menschlicher Unerschrockenheit, die Tradition der
Furchtlosigkeit. Die nordamerikanischen Indianer hatten
solch eine Tradition, und bei den südamerikanischen
Indianern gab es sie auch. Ebenso verkörperte der japanische Samurai das Ideal von Furchtlosigkeit und Weisheit,
und selbst im christlichen Abendland ist das Prinzip der
erleuchteten Kriegerschaft zu finden. Der legendäre König Arthur ist hierfür ein Beispiel, und manche in der Bibel
erwähnte Herrscher wie etwa König David sind Beispiele
der Kriegerschaft, die der jüdischen ebenso wie der christlichen Tradition angehören. Ja, unser Planet Erde hat
schon viele große Krieger hervorgebracht.

Das erste Prinzip der Kriegerschaft und der Shambhala-
Weltsicht überhaupt lautet: Hab keine Furcht vor dem,
was du bist. Hab keine Angst vor dir selbst, das ist letztlich
auch die Definition der Tapferkeit. Die Shambhala-Lehre
besagt, daß wir die Möglichkeit haben, angesichts der
großen Probleme in der Welt heldenhaft und zugleich gütig
und freundlich zu sein. Diese Shambhala-Sichtweise bedeutet das Gegenteil von Selbstsucht. Wenn wir nämlich
Angst vor uns selbst haben sowie vor der scheinbaren
Bedrohung durch die Welt, dann werden wir ganz besonders selbstsüchtig. Wir möchten uns ein eigenes kleines
Nest bauen, einen Kokon um uns spinnen, in dem wir
allein sicher leben können.

Wir können uns aber auch für den Mut entscheiden. Wir
müssen über unsere Umfriedungen, über das Feuer im
Kamin, über die Aufgabe, die Kinder zur Schule zu
bringen und selbst rechtzeitig zur Arbeit zu erscheinen,
hinausdenken. Wir müssen uns fragen, wie wir dieser Welt
helfen können. Wenn *wir* ihr nicht helfen, dann tut es
keiner. Wir sind jetzt einfach an der Reihe, der Welt zu
helfen. Anderen zu helfen, heißt aber nicht, unser eigenes
Leben im Stich zu lassen. Man muß nicht Bürgermeister

oder Staatspräsident werden, um anderen zu helfen. Man kann bei Verwandten und Freunden, bei den Menschen in der näheren Umgebung anfangen – am besten aber bei sich selbst. Wichtig ist dabei nur, sich ganz klarzumachen, daß man nie einfach «frei» hat. Wir können es uns nicht leisten, die Beine hochzulegen – die Welt braucht unsere Hilfe.

Jeder hat also die Verantwortung, der Welt zu helfen, aber Vorsicht: Sobald wir anfangen, anderen unsere Ideen und unsere Hilfe aufzudrängen, vergrößern wir das Chaos nur. Die meisten Menschen haben Theorien darüber, was die Welt braucht. Manche meinen, sie braucht den Kommunismus, andere denken, sie braucht Demokratie; manche glauben, die Technik wird die Welt retten, andere sagen, die Technik wird die Welt zerstören. Die Shambhala-Lehre hat nichts damit zu tun, die Welt zu einer neuen Theorie zu bekehren. Nach der Shambhala-Weltsicht können wir eine erleuchtete Gesellschaft nur dadurch schaffen, daß wir in uns selbst entdecken, was *wir* ihr zu bieten haben. So kann unser erster Schritt nur darin bestehen, unsere eigene Erfahrung zu erforschen und zuzusehen, was sie an Brauchbarem enthält, um uns selbst und anderen zu einem erfüllten und würdigen Dasein zu verhelfen.

Wenn wir einmal einen ganz unvoreingenommenen Blick riskieren, werden wir feststellen, daß unser Dasein als Menschen bei allen Problemen und Verwirrungen, bei allen äußeren und inneren Höhen und Tiefen etwas grundlegend Gutes hat. Solange wir dieses Fundament von Gutsein nicht in unserem eigenen Leben entdeckt haben, werden wir kaum das Leben anderer verbessern können. Wenn wir einfach nur unglückliche und armselige Kreaturen sind, wie wollen wir uns dann je eine erleuchtete Gesellschaft vorstellen, geschweige denn sie verwirklichen können?

Wir können dieses echte Gutsein in uns entdecken,

wenn wir uns für sehr einfache Erfahrungen öffnen. Damit ist aber nicht gemeint, was für ein gutes Gefühl es ist, eine Million zu gewinnen, ein Examen zu bestehen oder ein neues Haus zu kaufen, sondern gemeint ist das sehr einfache, in allem enthaltene Gutsein des Lebendigseins – und das hängt nicht von unseren Leistungen und Errungenschaften ab. Ein kurzes Aufblitzen dieses Gutseins erfahren wir sehr häufig, aber meist nehmen wir es nicht richtig wahr oder wollen es nicht wahrhaben. Wenn wir eine strahlende Farbe sehen, sind wir Zeuge unseres eigenen inneren Gutseins. Hören wir einen angenehmen Laut, so hören wir unser eigenes grundlegendes Gutsein. Wenn wir aus der Dusche kommen, fühlen wir uns frisch und sauber, wenn wir aus einem stickigen Zimmer treten, genießen wir draußen die frische Luft. All diese Erlebnisse mögen nur Sekundenbruchteile dauern, dennoch sind sie echte Erfahrungen des Gutseins. Derartiges widerfährt uns ständig, aber meist ignorieren wir es als nebensächlich und bedeutungslos. Nach der Shambhala-Lehre ist es durchaus sinnvoll, diese Augenblicke bewußt wahrzunehmen und zu nutzen, denn sie zeigen die grundlegende Aggressionslosigkeit und Frische unseres Lebens – das grundlegende Gutsein.

Jeder Mensch hat eine Grundnatur von unverfälschtem, reinem Gutsein. In diesem Gutsein liegt ein ungeheures Potential zu Sanftheit und Wertschätzung. Wir können lieben. Wir können einen anderen Menschen sanft streicheln. Wir können jemand liebevoll verstehend küssen. Wir können das Schöne in uns aufnehmen. Wir können das Beste dieser Welt bejahen und schätzen. Wir können ihre Lebendigkeit schätzen: die Gelbheit des Gelben, die Röte des Roten, die Grünheit des Grünen, die Bläue des Blauen. Unsere Erfahrung ist wirklich. Dürfen wir sagen, das Gelbe sei rot, nur weil wir Gelb nicht mögen? Das

hieße der Wirklichkeit zuwiderhandeln. Wenn die Sonne
scheint, können wir dann sagen, Sonnenschein sei schreck-
lich? Nein, wenn die Sonne scheint, wenn Schnee fällt,
freuen wir uns daran. Und wenn wir die Wirklichkeit
bejahen, kann sie uns erreichen und auf uns einwirken.
Manchmal kommen wir spät ins Bett und müssen trotzdem
früh aufstehen, aber wenn wir dann draußen die Sonne
sehen und uns diesem Eindruck für einen Moment wirklich
überlassen, werden wir munter. Wir können uns sogar von
unserer Depressivität befreien, wenn wir nur erkennen,
daß die Welt, die wir haben, gut ist.

Daß die Welt gut ist, ist nicht einfach irgendeine beliebi-
ge Idee: Sie ist gut, weil wir ihr Gutsein *erfahren* können.
Wir können die Welt als gesund und einfach, als direkt und
real erleben, weil es unserer tiefsten Natur entspricht, mit
dem Gutsein in allem Geschehen in Einklang zu sein.
Unsere Befähigung zu Intelligenz und Würde steht in
Übereinstimmung mit unserer Fähigkeit, einen strahlend-
blauen Himmel, die Frische grüner Felder oder die Schönheit von Bäumen und Bergen zu erfahren. Wir haben eine
echte Beziehung zur Wirklichkeit, die uns aufwecken und
unser elementares Gutsein spüren lassen kann. Die
Shambhala-Weltsicht oder Shambhala-Haltung besteht
darin, daß wir uns auf unsere Fähigkeit, uns selbst zu
wecken, einstimmen und erkennen, daß das Gutsein uns
widerfahren kann. Tatsächlich tut es das bereits.

Aber dann stellt sich eine Frage. Du hast vielleicht eine
echte Verbindung zu deiner Welt hergestellt, den Sonnenschein einmal wirklich gesehen, eine Farbe in dich aufgenommen, gute Musik gehört, etwas Gutes gegessen oder
was auch immer. Aber wie ist nun dieser flüchtige Eindruck
von Gutsein mit dem Strom der gewohnten Erfahrung zu
verbinden? Mancher mag dann denken: «Ich möchte mehr
von diesem Gutsein, das in mir und der Welt um mich her

ist.» Und dann rennt er herum und versucht, sich das Gewünschte irgendwie zu verschaffen, womöglich sogar, es zu kaufen: «Diese Erfahrung war so schön, ich will sie besitzen!» Das Grundproblem bei dieser Art des Vorgehens besteht darin, daß man nic Befriedigung findet. Denn auch wenn man bekommt, was man sich wünscht, bleibt da immer noch ein tiefes Verlangen. In der Einkaufszone jeder Großstadt kann man diese Art von Verzweiflung beobachten. Die Leute mögen Geschmack haben und schon dadurch über ein Mittel verfügen, menschliche Würde zu verwirklichen. Aber andererseits leben sie doch, als wären sie von Dornen umfangen. Sie wollen mehr und immer mehr.

Ein anderer Versuch, sich das Gutsein zu verschaffen, besteht darin, sich irgendeiner «Sache» anzuschließen, sich zu erniedrigen und ihr ganz zu unterwerfen. Jemand sagt dir, daß er dich glücklich machen wird, wenn du dein Leben nur seiner Sache hingibst. Wenn du glaubst, daß er tatsächlich das Gutsein besitzt, nach dem du suchst, wirst du womöglich bereit sein, dir den Kopf zu scheren und wallende Gewänder zu tragen, auf dem Boden herumzukriechen und mit den Fingern zu essen – nur um mit diesem Gutsein in Berührung zu kommen. So verkaufst du deine Menschenwürde und wirst ein Sklave.

Beide Ansätze sind ein Versuch, etwas Gutes, etwas Wirkliches wiederzugewinnen. Bist du reich, dann wirst du bereit sein, einen Haufen Geld dafür auszugeben. Bist du arm, dann gibst du dein Leben dafür hin. An beiden Arten des Vorgehens ist irgend etwas grundsätzlich falsch. Was?

Wenn wir das Potential von Gutsein in uns zu entdecken beginnen, nehmen wir die Sache meist viel zu ernst. Uns verlangt so sehr nach diesem Gutsein, daß wir dafür sogar töten oder sterben würden. Natürlich geht uns darüber aller Humor verloren. Humor hat nichts mit Witzereißen oder Herumalbern zu tun; und sich über andere lustig zu machen, hat noch viel weniger mit Humor zu tun. Echten Humor erkennt man an seiner Leichtigkeit: Er walzt die Wirklichkeit nicht nieder, sondern begrüßt und umspielt sie mit leichter Hand. Das ist eine Bedingung für die Wiederentdeckung der Shambhala-Weltsicht, dieser echte Humor, diese leichte Hand im Umgang mit der Wirklichkeit.

Wenn du bereit bist, dich selber, dein Bewußtsein und dein Handeln anzuschauen, kannst du den Humor zurückgewinnen, den du im Lauf deines Lebens verloren hast. Schau dir zuerst einmal deine gewohnte häusliche Wirklichkeit an: deine Messer, Gabeln und Teller, dein Telefon, deinen Staubsauger – ganz gewöhnliche Dinge. Sie haben nichts Mystisches oder Außergewöhnliches an sich, aber wenn du keine echte Verbindung herstellst zu deinen Alltagssituationen, wenn du diesem alltäglichen Leben nicht auf den Grund gehst, wirst du niemals Humor und Würde finden – und letztlich auch keine Wirklichkeit.

Wie du dein Haar kämmst, wie du dich kleidest, wie du dein Geschirr abwäschst – all das sind Arten, mit der Wirklichkeit in Beziehung zu treten, und deshalb Ausdruck deines geistigen Gesundheitszustands. Eine Gabel ist natürlich nur eine Gabel, ein Eßwerkzeug. Dennoch kann aber deine geistige Gesundheit und Würde davon abhängen, wie du die Gabel benutzt. Die Shambhala-Weltsicht will ganz einfach ein Anstoß für dich sein, deine Lebensweise, deine Beziehung zum alltäglichen Leben zu verstehen.

Als menschliche Wesen sind wir im Grunde wach und fähig, die Wirklichkeit zu begreifen. Wir sind keine Sklaven unserer Lebensumstände, wir sind frei. Frei sein heißt hier einfach, daß wir einen Körper und ein Bewußtsein haben und daß wir uns dazu aufraffen können, mit der

Wirklichkeit würdevoll und voller Humor umzugehen.
Wenn wir uns aufzurappeln beginnen, wird sich herausstel-
len, daß das ganze Universum – einschließlich der Jahreszeiten, einschließlich Eis und Schnee und Matsch – uns
kraftvoll beisteht. Das Leben ist tatsächlich zum Lachen,
aber es macht sich nicht lustig über uns. Wir finden heraus,
daß wir mit unserer Welt zurechtkommen können, daß wir
vermögen, mit unserem Universum angemessen, uneinge-
schränkt und freudig umzugehen.

Die Entdeckung des grundlegenden Gutseins ist keine
spezifisch religiöse Erfahrung. Sie besteht vielmehr in der
Erkenntnis, daß wir die Wirklichkeit, die reale Welt, in der
wir uns befinden, direkt erleben können und daß wir mit
ihr arbeiten können. Die Erfahrung des grundlegenden
Gutseins in unserem Leben gibt uns das Gefühl, daß wir
intelligente, vollwertige Menschen sind und die Welt keine
Bedrohung darstellt. In diesem Gefühl, daß unser Leben
echt und gut ist, haben wir es nicht nötig, uns selbst oder
andere zu täuschen. Ganz ohne Schuld- oder Minderwer-
tigkeitsgefühle können wir unsere Mängel betrachten,
aber zugleich auch unsere Fähigkeit sehen, das Gutsein
auch auf andere Menschen auszudehnen. Wir können
geradheraus die Wahrheit sagen und dabei völlig offen,
aber auch unerschütterlich fest sein.

Nichts und niemanden jemals aufzugeben, das ist das
Wesen der Kriegerschaft oder Tapferkeit. Wir können
niemals sagen, daß es aus ist mit uns oder mit irgend
jemandem oder gar mit der Welt. Gewiß wird es während
unserer Lebensspanne noch große Probleme in der Welt
geben, aber sorgen wir dafür, daß es keine Katastrophen
gibt. Wir können sie verhindern, es liegt an uns. Dafür gibt
es (und gab es schon immer) die Shambhala-Weltsicht, die
besagt, daß wir die Welt retten können, indem wir ihr
dienen. Doch die Welt zu retten, ist nicht genug. Wir

müssen auch daran arbeiten, eine erleuchtete Gesellschaft zu schaffen.

In diesem Buch werden wir die Grundlagen einer erleuchteten Gesellschaft und den Weg, der zu ihr führt, beschreiben; aber wir werden hier keine utopischen Phantasien davon entwerfen, wie eine solche Gesellschaft im einzelnen aussehen wird oder soll. Wenn wir der Welt helfen wollen, müssen wir persönlich uns aufmachen – dann genügt es nicht, über unser Ziel zu theoretisieren oder zu spekulieren. Es bleibt also jedem selbst überlassen herauszufinden, was eine erleuchtete Gesellschaft ist und wie sie zu verwirklichen ist. Den Weg des Shambhala-Kriegers zu beschreiben, so hoffe ich, wird dazu beitragen, uns dieser Erkenntnis einen Schritt näherzubringen.

2. Das grundlegende Gutsein entdecken

Durch dieses einfache Auf-dem-Fleck-Sitzen bekommen wir ein Gefühl dafür, daß das Leben zu bewältigen, ja geradezu wunderbar sein kann. Du stellst fest, daß du zu sitzen vermagst wie eine Königin oder ein König auf dem Thron. Die Erhabenheit dieser Empfindung macht uns klar, wieviel Würde darin liegt, still und einfach zu sein.

Ein großer Teil des Chaos in der Welt rührt daher, daß die Menschen keine Wertschätzung für sich selbst besitzen. Wer gegenüber sich selbst keine Sympathie und geduldige Nachsicht aufbringt, kann keine Harmonie und keinen Frieden in sich erfahren, und so projiziert er seine eigene Disharmonie und Verwirrung auch auf andere. Anstatt unser Leben richtig zu würdigen, nehmen wir es entweder schlicht als gegeben hin oder empfinden es als mühselig und deprimierend. Manch einer droht mit Selbstmord, weil das Leben ihm nicht gibt, was ihm seiner Meinung nach zusteht. Das kann in regelrechte Erpressung anderer Menschen ausarten. Natürlich sollen wir das Leben ernst nehmen, aber das hat gewiß nichts damit zu tun, sich durch ewiges Wehklagen oder durch endlos schwelenden Groll gegen die Welt an den Rand der Katastrophe zu treiben. Wir müssen die Verantwortung für die Qualität unseres Lebens selbst übernehmen.

Wer aufhört, sich selbst zu verdammen und zu bestrafen, wer sich entspannt und Geist und Körper schätzen lernt, der wird mit dem grundlegenden Gutsein in sich selbst in Berührung kommen. Es ist also ungeheuer wichtig, sich für sich selbst zu öffnen. Betrachte dich selbst mit zartfühlender Nachsicht, und du wirst nicht nur deine Probleme, sondern auch dein Potential richtig sehen können. Es wird dann nicht mehr nötig sein, deine Probleme geflissentlich zu übersehen oder dein Potential aufzubauschen. Auf diese Art von Sanftheit und rechter Würdigung im Umgang mit dir selbst kommt es ganz besonders an. Sie ist die Grundlage dafür, sich selbst und anderen helfen zu können.

Wir haben als Menschen eine «Arbeitsbasis» in uns, eine feste Grundlage, auf der wir Mut fassen und von der aus wir unser Leben entwickeln können. Diese Arbeitsbasis steht uns immer zur Verfügung. Wir haben einen Geist und einen Körper, die für uns sehr kostbar sind. Weil wir Geist und Körper haben, können wir diese Welt begreifen. Das Dasein ist wunderbar und kostbar. Wir wissen nicht, wie lange unser Leben dauern wird, also warum nicht etwas damit anfangen, solange wir es haben? Und bevor wir noch etwas damit anfangen: Warum nicht das Leben einfach bejahen?

Wie kommen wir aber zu dieser Wertschätzung und Bejahung? Bloßes Wunschdenken oder Reden wird uns nicht weiterbringen. In der Shambhala-Tradition gibt es eine Disziplin für die Entwicklung jener Sanftheit gegenüber uns selbst und der Wertschätzung der Welt, nämlich die Praxis des Sitzens in Meditation. Diese Meditationspraxis wurde vor über 2500 Jahren von Gautama Buddha gelehrt, und seitdem ist sie Bestandteil der Shambhala-Tradition. Seit der Zeit des Buddha ist diese Lehre von einem Menschen zum nächsten mündlich überliefert worden; dadurch ist sie lebendig geblieben und trotz ihres hohen Alters heute so «modern» wie eh und je. Wir wollen jetzt die Technik dieser Meditation erörtern, doch zuvor ein sehr wichtiger Hinweis: Wer diese Meditationspraxis wirklich begreifen will, braucht direkte persönliche Anleitung durch einen kundigen Meister.

Wir verstehen hier unter Meditation etwas sehr Grundlegendes und Einfaches, das an keine bestimmte Kultur gebunden ist: auf dem Boden sitzen, eine gute Haltung einnehmen und ein Gefühl für unseren Platz in der Welt zu entwickeln. Das ist das Mittel, uns selbst und unser grundlegendes Gutsein wiederzuentdecken, das Mittel, uns frei von Erwartungen und vorgefaßten Meinungen auf die Wirklichkeit einzustimmen.

Mit dem Begriff Meditation wird manchmal die Vorstellung der Kontemplation bestimmter Themen oder Objekte verbunden: Meditation *über* dies oder das. Durch Meditation über eine Frage oder ein Problem können wir auf die Lösung gebracht werden. Manchmal wird Meditation auch als ein Weg betrachtet, sich durch Trance oder ähnliches in höhere Geisteszustände zu versetzen. Wir meinen hier etwas ganz anderes, nämlich die gedankenfreie, auf kein bestimmtes Ziel gerichtete Meditation, die keines Meditations-Gegenstands bedarf. Meditation ist in der Shambhala-Tradition einfach das wache Gewahrsein unseres Seinszustands, wodurch Geist und Körper die Möglichkeit bekommen, zueinander zu finden. Durch die Praxis der Meditation können wir lernen, ohne Selbstbetrug auszukommen und ganz echt, ganz lebendig zu werden.

Unser Leben ist eine endlose Reise; es ist wie eine breite Straße, die in endlose Ferne führt. Die Praxis der Meditation ist das Fahrzeug, mit dem wir auf dieser Straße reisen können. Unsere Reise ist ein ständiges Auf und Ab, erfüllt von Hoffnung und Furcht, aber es ist eine gute Reise. Die Meditation läßt uns überall den jeweiligen Straßenzustand erfahren, und nur darum geht es bei dieser Reise. Durch die Praxis der Meditation wird uns allmählich klar, daß wir

uns im Grunde über nichts und niemanden zu beschweren
brauchen.

Die Übung der Meditation beginnt damit, daß wir uns
mit verschränkten Beinen auf den Boden setzen. Durch
dieses einfache Auf-dem-Fleck-Sitzen bekommen wir ein
Gefühl dafür, daß das Leben zu bewältigen, ja geradezu
wunderbar sein kann. Du stellst fest, daß du zu sitzen
vermagst wie ein König oder eine Königin auf dem Thron.
Die Erhabenheit dieser Empfindung macht uns klar, wieviel Würde darin liegt, still und einfach zu sein.

Bei der Meditation ist die aufrechte Haltung ganz besonders wichtig. Der aufrechte Rücken stellt keine künstliche,
sondern die dem menschlichen Körper natürliche Haltung
dar. Unnatürlich ist vielmehr die schlaffe, gekrümmte Haltung. Mit eingesunkenem Brustkorb kann man nicht richtig
atmen, und außerdem zeigt diese Haltung an, daß man
seinen neurotischen Zügen die Herrschaft überlassen hat.
Wenn du also aufrecht sitzt, erklärst du damit der Welt und
dir selbst, daß du ein Krieger sein willst, ein ganzer Mensch.

Um den Rücken gerade zu halten, braucht man nicht
krampfhaft die Schultern hochzuziehen. Das Aufrechte
stellt sich ganz von selbst ein, wenn man ganz einfach, aber
selbstsicher auf dem Boden oder einem Meditationskissen
sitzt. In dieser Haltung fällt alle Verlegenheit und Unsicherheit von dir ab, und du brauchst den Kopf nicht zu
beugen. Es gibt nichts, dem du dich beugen mußt. Dadurch richten sich die Schultern von selbst aus, und du
bekommst ein Gefühl für Kopf und Schultern. Jetzt kannst
du deine Beine ganz natürlich über Kreuz ruhen lassen; die
Knie brauchen dabei nicht den Boden zu berühren. Die
Hände werden mit den Handflächen nach unten leicht auf
die Oberschenkel gelegt; das rundet unser Gefühl von
einer guten, stabilen Haltung ab.

In dieser Haltung läßt man den Blick nicht einfach

Chinesische Holzplastik eines Heiligen in
traditioneller Sitzhaltung für die Meditation

herumschweifen. Zu dem Gefühl, richtig *da* zu sein, gehört auch, daß der Blick leicht gesenkt bleibt, so daß er etwa zwei Schritte vor dem Sitzplatz den Boden «berührt». Dadurch vertieft sich noch das Gefühl der Entschlossenheit und Festigkeit. Man sieht diese königliche Haltung an ägyptischen, südamerikanischen und orientalischen Skulpturen – es ist eine wahrhaft universale Haltung.

Auch im täglichen Leben sollte man auf seine Haltung achten – wie man Kopf und Schultern hält, wie man geht, wie man Menschen anschaut. Auch wenn man nicht meditiert, kann man einen würdevollen Seinszustand wahren. Man kann tatsächlich über alle Verlegenheit und Unsicherheit hinauswachsen und mit Stolz ein Mensch sein. An dieser Art von Stolz ist nichts auszusetzen.

Wenn du nun deine Meditationshaltung eingenommen hast, achtest du auf deinen Atem. Wenn du atmest, bist du vollständig gegenwärtig. Du gehst mit dem Ausatmen, der Atem verfliegt, und dann geschieht das Einatmen ganz natürlich. Nun gehst du wieder mit dem Ausatmen, gehst mit dem Atem beständig aus dir heraus. Du löst dich auf, verströmst dich. Und wieder ganz natürlich das Einatmen, dem man nicht eigens zu folgen braucht. Man kommt einfach zu seiner Haltung zurück und ist bereit für das nächste Ausatmen, *sssshuuu* . . . Mit dem Einatmen zurück zur Haltung. Sich mit dem nächsten Ausatmen auflösen, *sssshuuu* . . . Und wieder zurück zur Haltung.

Dann stellt sich unweigerlich – bing! – ein Gedanke ein. Wenn das geschieht, sagt man sich einfach (nicht laut, sondern innerlich): «Denken!» Mit diesem schlichten Benennen schafft man sofort einen Abstand zu den Gedanken und kann zum Atmen zurückkehren. Wenn ein Gedanke uns ganz von dem entfernt, was wir gerade tun, wenn wir uns in Gedanken irgendwo in der Welt herumtreiben und kaum noch gewahr sind, daß wir auf dem

Kissen sitzen, dann sagen wir uns «Denken» und holen uns
zum Atem zurück.

Es spielt dabei keine Rolle, was für Gedanken man bei
der Meditation hat. Ob es monströse oder hehre Gedanken sind, hier gelten sie alle gleichermaßen als bloßes
«Denken». Sie sind weder verdienstvoll noch verwerflich,
ob man nun daran denkt, seinen Vater umzubringen,
Limonade zu machen oder einen Keks zu essen. Sei nicht
schockiert über deine Gedanken: Jeder Gedanke ist bloß
«Denken». Kein Gedanke ist eine Goldmedaille oder
einen Tadel wert. Bezeichne ihn einfach als «Denken» und
geh zum Atem zurück. «Denken» – zurück zum Atem.
«Denken» – zurück zum Atem . . .

Die Praxis der Meditation erfordert Präzision, sie muß
punktgenau sein. Das ist harte Arbeit, aber wenn man sich
stets die Wichtigkeit der Haltung vor Augen hält, werden
Geist und Körper zur Übereinstimmung finden. Mit einer
schlechten Haltung ist es, als wollte man einen lahmen
Gaul vor einen schweren Wagen spannen – dabei kommt
nichts heraus. Also setzt man sich erst einmal hin und
nimmt die richtige Haltung ein. Dann arbeitet man mit
dem Atem: *Sssshuuu* . . . auflösen mit dem Ausatmen,
zurück zur Haltung; *sssshuuu* . . . auflösen mit dem Ausatmen, zurück zur Haltung; *sssshuuu* . . . Tauchen Gedanken
auf, werden sie einfach als «Denken» benannt, und dann
zurück zu Haltung und Atmung. Der Geist arbeitet dabei
mit dem Atem, aber der Körper bleibt stets der Bezugspunkt im Hintergrund. Man arbeitet nie mit dem Geist
allein, sondern immer mit Geist und Körper, und wenn die
beiden richtig zusammenarbeiten, wird man sich nie von
der Wirklichkeit entfernen.

Der ideale Zustand innerer Stille ergibt sich aus der
Erfahrung der harmonischen Übereinstimmung von Geist
und Körper. Arbeiten Geist und Körper nicht synchron,

dann sackt der Körper zusammen und der Geist ist abwesend. Das ist wie bei einer schlechten Trommel: Paßt die Haut nicht zum Rahmen der Trommel, wird man nie den richtigen Spannungszustand herstellen können, sondern höchstens erreichen, daß die Haut reißt oder der Trommelrahmen bricht. Wenn Geist und Körper harmonisch zusammenwirken, führt die gute Körperhaltung dazu, daß der Atem ganz natürlich fließt, und der Geist hat stets einen Bezugspunkt, an dem er sich orientieren kann. Deshalb wird der Geist ganz natürlich der Ausatmung folgen.

Mit dieser Methode schult man sich, sehr einfach zu sein, sich nicht als etwas Besonderes, sondern ganz normal, super-normal zu fühlen. Du sitzt einfach – als ein Krieger –, und daraus erwächst ein Gefühl von persönlicher Würde. Du sitzt auf der Erde und erkennst, daß die Erde dir angemessen ist und du der Erde angemessen bist. Du bist da – ganz, persönlich, echt. Die Meditationspraxis der Shambhala-Tradition will den Menschen zu Aufrichtigkeit und Echtheit erziehen, zur Wahrhaftigkeit gegenüber sich selbst.

In einer gewissen Hinsicht haben wir durchaus eine Bürde zu tragen: Wir müssen es auf uns nehmen, dieser Welt zu helfen. Unsere Verantwortung gegenüber anderen dürfen wir nicht vergessen. Aber wenn wir diese Bürde freudig auf uns nehmen, können wir die Welt wirklich befreien. Den Anfang müssen wir bei uns selbst machen. In der Offenheit und Ehrlichkeit uns selbst gegenüber können wir lernen, auch für andere offen zu sein. Auf der Grundlage des Gutseins, das wir in uns selbst entdecken, können wir dann mit dem Rest der Welt arbeiten. Deshalb ist Meditation ein ausgezeichneter Weg zur Überwindung des Krieges – unseres persönlichen Krieges wie des großen Krieges der Völker.

3. Das lautere Herz der Traurigkeit

Beim stillen Sitzen, in dem du dem Atem folgst, wie er ausströmt und verfliegt, stellst du die Verbindung zu deinem Herzen her. Du läßt dich einfach sein, wie du bist, und daraus erwächst eine echte Sympathie für dich selbst.

Stell dir vor, du sitzt vollkommen nackt auf der Erde – mit dem blanken Hintern auf dem Boden – und ebenso nackt unter dem Himmel: ein nackter Mensch zwischen Himmel und Erde.

Die Erde ist immer Erde. Die Erde läßt jeden auf sich sitzen, ohne plötzlich unter ihm nachzugeben. Sie wird uns auch nicht loslassen, so daß wir von ihr herunterfallen und durch das All trudeln. Und der Himmel ist immer der Himmel über uns. Ob es regnet oder schneit oder die Sonne scheint, ob Tag oder Nacht, der Himmel ist immer da. Wir wissen, daß wir Himmel und Erde vertrauen können.

Die Logik des grundlegenden Gutseins ist dem vergleichbar. Wenn wir von Gutsein sprechen, so meinen wir damit nicht, daß wir uns «dem Guten» verpflichtet fühlen und «das Böse» von uns weisen. Grundlegendes Gutsein ist deshalb gut, weil es bedingungslos oder fundamental ist. Es ist immer schon da, so wie Himmel und Erde immer schon da sind. Wir lehnen unsere Atmosphäre nicht ab. Wir lehnen die Sonne, den Mond, die Wolken und den Himmel nicht ab. Wir nehmen sie an. Wir akzeptieren, daß der Himmel blau ist, wir akzeptieren das Land und das

Meer. Wir akzeptieren Straßen, Gebäude und Städte. Grundlegendes Gutsein ist ebenso fundamental, ebenso selbstverständlich; es ist keine Einstellung «für» oder «wider», wie auch das Sonnenlicht nicht «für» oder «gegen» irgend etwas ist.

Die natürliche Ordnung dieser Welt enthält kein «Für» oder «Wider». Im Grunde gibt es nichts, das uns bedroht, und nichts, das gerade unseren Standpunkt hervorhebt. Die Jahreszeiten gehen ihren Gang ganz unabhängig davon, ob wir das wünschen oder beschließen; Hoffnung und Furcht ändern daran keinen Deut. Tag und Nacht, Dunkel und Licht folgen einander, ohne daß jemand dazu an einem Schalter drehen muß. Es gibt eine natürliche Ordnung, die unser Leben ermöglicht, und diese Ordnung ist im Grunde gut – gut in dem Sinne, daß sie da ist, funktioniert und verläßlich ist.

Meist nehmen wir diese Grundordnung des Universums einfach als gegeben hin und wissen sie gar nicht recht zu würdigen. Doch wo wären wir ohne diese Ordnung? Wo wären wir beispielsweise ohne das Sonnenlicht, das die Pflanzen wachsen läßt und uns ernährt? Das grundlegende Gutsein ist also deshalb gut, *weil* es so elementar, so grundlegend ist. Gut ist nicht das Gegenteil von Böse, sondern das, was natürlich gegeben ist und funktioniert.

Das gilt auch für unsere Konstitution als Menschen. Zu dieser Konstitution gehören Leidenschaft, Aggression und Unwissenheit. Wir pflegen unsere Freundschaften, wir wehren uns gegen Feinde, und gelegentlich sind wir indifferent. Solche Tendenzen muß man nicht als Mängel betrachten; sie gehören einfach zu unserer natürlichen Grazie und Ausstattung. Wir haben Nägel und Zähne, uns zu verteidigen, wir haben einen Mund und Genitalien, durch die wir mit anderen Menschen in Beziehung treten können, und zum Glück verfügen wir über funktionsfähige

Verdauungs- und Respirationssysteme, um zu verarbeiten, was wir aufnehmen, und die Abbauprodukte auszuscheiden. Die menschliche Existenz ist etwas Natürliches, und wie die Grundordnung der Welt ist sie funktionstüchtig und verläßlich. Ja, sie ist sogar etwas Wunderbares, Ideales.

Mancher mag sagen, diese Welt sei das Werk eines göttlichen Prinzips, doch die Shambhala-Lehre kümmert sich nicht um göttliche Ursprünge. Kriegerschaft bedeutet, persönlich mit unserer Situation zu arbeiten, so wie sie jetzt ist. Wenn wir aus der Shambhala-Perspektive sagen, daß der Mensch im Grunde gut ist, so meinen wir, daß ihm alles mitgegeben ist, was er braucht, daß er es also nicht nötig hat zu kämpfen. Unser menschliches Sein ist gut, weil es letztlich keinen Anlaß zu Aggressionen und Klagen gibt. Wir beklagen uns nicht darüber, daß wir Augen, Ohren, eine Nase und einen Mund haben. Wir können an unserem physiologischen System nichts ändern und an unserer geistigen Grundverfassung auch nicht. Was wir haben, was uns mitgegeben wurde, das ist grundlegendes Gutsein. Wie wunderbar ist es, in dieser Welt zu sein, wie wunderbar ist es, Rot und Gelb, Blau und Grün, Purpur und Schwarz zu sehen, all diese Farben, die uns dargeboten werden. Wir empfinden Hitze und Kälte, wir schmecken Süßes und Saures. Wir haben diese Empfindungen, und sie sind genau richtig für uns. Sie sind gut.

Kurz: Der erste Schritt zur Erfahrung des Gutseins besteht in der Würdigung dessen, was wir haben. Dann aber müssen wir weitergehen und genau betrachten, was, wo, wer, wann und wie wir als Menschen sind, so daß wir uns das grundlegende Gutsein wirklich zu eigen machen können. Es ist natürlich kein wirklicher Besitz – und doch, es steht uns zu.

Grundlegendes Gutsein steht in engem Zusammenhang

mit etwas, das in der buddhistischen Tradition Bodhichitta genannt wird. *Bodhi* bedeutet «wach» oder «wachsam», und *Chitta* bedeutet «Herz»; *Bodhichitta* ist also «das erwachte Herz». Die Erweckung des Herzens ist nur möglich, wenn du bereit bist, dich dir selbst zu stellen. Das mag dir als hohe Anforderung erscheinen, doch sie ist unabdingbar. Frage dich selbst, wie oft du schon versucht hast, aufrichtig und rückhaltlos mit deinem Herzen in Verbindung zu treten. Wie oft schon hast du dich abgewendet aus Furcht, etwas Schreckliches über dich selbst zu entdecken? Wie oft warst du bereit, dich selbst im Spiegel anzuschauen, ohne daß es dir peinlich wurde? Wie oft hast du dich selbst abgeschirmt – hinter einer Zeitung, durch Fernsehen oder einfach durch Rückzug? Das ist die Gretchenfrage: Wieviel Verbindung zu dir selbst hast du in deinem bisherigen Leben überhaupt hergestellt?

Die Praxis des Sitzens in Meditation, wie wir sie im vorigen Kapitel besprochen haben, ist das Mittel, mit dem wir das Gutsein wiederentdecken und überdies das lautere Herz in uns erwecken können. In der beschriebenen Haltung bist du dieser nackte Mensch, der zwischen Himmel und Erde sitzt. Wenn dein Rücken einsinkt, versuchst du dein Herz zu schützen oder gar zu verbergen. Aber wenn du aufrecht und trotzdem entspannt sitzt, dann ist dein Herz nackt. Dein ganzes Sein ist bloßgelegt, vor allem vor dir selbst, aber auch vor anderen. Beim stillen Sitzen, in dem du dem Atem folgst, wie er ausströmt und verfliegt, stellst du die Verbindung zu deinem Herzen her. Du läßt dich einfach sein, wie du bist, und daraus erwächst eine echte Sympathie für dich selbst.

Wer sein Herz so erweckt, der stellt staunend fest, daß dieses Herz leer ist. Es ist wie ein Blick in den Weltraum. Was bin ich, wer bin ich, wo ist mein Herz? Wer wirklich schaut, findet nichts Greifbares, nichts Festes. Natürlich kann man auch sehr feste Dinge finden, wenn man nämlich jemandem böse ist oder sich besitzergreifend verliebt hat, aber das hat mit dem erwachten Herzen nichts zu tun. Wenn du dieses Herz suchst, wenn du in der eigenen Brust danach tastest, findest du nichts als Zartheit. Weich und wund fühlt es sich an, und wenn wir unsere Augen für die Welt öffnen, überkommt uns eine abgrundtiefe Traurigkeit. Diese Art von Traurigkeit hat aber nichts mit äußeren Gründen zu tun: Du bist nicht traurig, weil jemand dich verletzt hat oder weil du einen Verlust zu beklagen hast. Diese Traurigkeit ist grundlos. Sie rührt daher, daß dein Herz ganz bloßgelegt ist. Keine Haut scheint mehr darüber zu sein, es ist rohes Fleisch. Setzte sich eine winzige Mücke darauf, du wärst davon zutiefst berührt. Dein Empfinden ist ungeschützt und zart und sehr persönlich.

Das lautere Herz der Traurigkeit wird hervorgerufen durch die Empfindung, daß dein nichtexistentes Herz doch übervoll ist. Du möchtest dein Herzblut vergießen, du möchtest anderen dein Herz schenken. Für den Krieger ist diese Erfahrung des traurigen, zarten Herzens die Geburt seiner Furchtlosigkeit. Normalerweise versteht man unter Furchtlosigkeit, daß man keine Angst hat oder daß man zurückschlägt, wenn man geschlagen wird. Es dürfte klar sein, daß wir hier nicht von der Furchtlosigkeit des Raufbolds sprechen. Wirkliche Furchtlosigkeit erwächst aus der Zartheit, aus der Bereitschaft, dein verwundbares, wunderbares Herz von der Welt berühren zu lassen. Du bist bereit, dich ohne Abwehr und ohne Scheu der Welt zu öffnen, und du bist bereit, dein Herz mit anderen zu teilen.

4. Furcht und Furchtlosigkeit

Uns die Angst einzugestehen, muß keineswegs zu Depressivität oder Entmutigung führen. Gerade weil diese Furcht in uns steckt, besitzen wir auch das Potential, Furchtlosigkeit zu erfahren. Zu wahrer Furchtlosigkeit kommen wir nicht, indem wir die Angst abmildern, sondern indem wir sie überschreiten.

Um Furchtlosigkeit zu erfahren, muß man Furcht erleben. Der Kern der Feigheit besteht in der Leugnung der Furcht. Furcht und Angst können viele Formen annehmen. Wir wissen, daß wir nicht ewig leben werden, wir wissen, daß wir sterben müssen, und dieser Gedanke kann uns starr vor Entsetzen machen. Oft haben wir aber auch Angst, daß wir mit den Anforderungen des Lebens nicht fertig werden. Wir fühlen uns dann dem Leben nicht gewachsen. Unser eigenes Leben scheint schon mehr, als wir verkraften können, und die Konfrontation mit der Welt, so fühlen wir, übersteigt unsere Kräfte bei weitem. Dann gibt es noch die kopflose Furcht oder Panik bei plötzlich eintretenden neuen Situationen – wir fahren zusammen und winden uns vor Angst. Manchmal äußert Angst sich auch als Nervosität und Ruhelosigkeit: Wir kritzeln auf unserem Notizblock, fingern an irgendwas herum oder rutschen auf dem Stuhl hin und her. Wir haben das Gefühl, ständig in Bewegung sein zu müssen wie der Motor in einem Auto. Auf und ab, auf und ab gehen die Kolben, und solange sie das tun, fühlen wir uns einigermaßen sicher. Aber wehe, wenn sie stillstehen, dann kommt die Angst, wir könnten auf der Stelle tot umfallen.

Es gibt zahllose Strategien, sich von der Angst abzulenken. Manche nehmen Beruhigungspillen. Manche machen Yoga. Manche hocken sich vor den Fernseher oder lesen Illustrierte oder gehen in die Kneipe, um ein Bier zu trinken. Für den Feigling ist Langeweile etwas, was man gar nicht erst aufkommen lassen darf, denn sobald man sich langweilt, kommt auch die Angst. Langeweile bringt uns unserer Angst näher. Da muß man sich ablenken und darf vor allem nicht an den Tod denken. Feigheit ist also der Versuch, so zu leben, als wüßten wir nichts vom Tod. Es hat in der Geschichte immer wieder Zeiten gegeben, in denen viele Menschen nach Elixieren der Unsterblichkeit gesucht haben. Gäbe es so etwas tatsächlich, den Menschen würde es gewiß nach einer Weile davor grauen. Vermutlich würden sie lange vor ihrem tausendsten Geburtstag durch Selbstmord enden. Der Realität des Leidens und Sterbens in der Welt entkommt auch der nicht, der selbst ewig leben kann.

Angst und Furcht müssen einfach eingestanden werden. Wir müssen unsere Furcht erkennen und uns mit ihr aussöhnen. Vergegenwärtigen wir uns, wie wir uns bewegen, wie wir reden, wie wir uns geben, wie wir zum Beispiel an den Nägeln kauen oder die Hände ohne Grund in die Taschen stecken. So werden wir etwas darüber in Erfahrung bringen, wie Furcht sich in Ruhelosigkeit Ausdruck verschafft. Wir müssen uns eingestehen, daß die Angst überall lauert, ständig und in allem, was wir tun.

Das muß jedoch keineswegs zu Depressivität oder Entmutigung führen.

Gerade weil diese Furcht in uns steckt, besitzen wir auch das Potential, Furchtlosigkeit zu erfahren. Zu wahrer Furchtlosigkeit kommen wir nicht, indem wir die Angst abmildern, sondern indem wir sie überschreiten.

Dieses Überschreiten beginnt damit, daß wir unsere

Angst unter die Lupe nehmen: unsere Befürchtungen, unsere Nervosität, unsere Sorgen, unsere Unruhe.

Wenn wir wirklich die Oberfläche durchdringen und unsere Angst von innen betrachten, finden wir hinter der Nervosität als erstes Traurigkeit. Nervosität ist ein ewiges Aufgedrehtsein und Vibrieren. Wenn wir ein wenig abschalten und die Angst nicht mehr so krampfhaft von uns fernhalten, stoßen wir auf eine stille, sanfte Traurigkeit. Die Traurigkeit trifft uns ins Herz, in der Brust dehnt sich ein Gefühl, und dann rollen Tränen, ein Regen oder Wasserfall, man fühlt sich traurig und einsam und zugleich vielleicht voller Sehnsucht. Das ist der erste Zipfel der Furchtlosigkeit, das erste Zeichen wahrer Kriegerschaft. Die erste Erfahrung der Furchtlosigkeit muß keineswegs etwas Großartiges wie der Anfang der Fünften Sinfonie oder ein gewaltiges Feuerwerk sein. In der Shambhala-Tradition ergibt sich die Entdeckung der Furchtlosigkeit aus dem Umgang mit der Weichheit des menschlichen Herzens.

Die Geburt eines Kriegers ähnelt dem Wachstum der ersten Geweihsprossen eines Rentiers. Zuerst sind diese Hörner ganz weich und von einem zarten Pelz bedeckt. Eigentlich noch gar keine Hörner, sondern gummiweiche, durchblutete Auswüchse. Dann wird das Rentier älter, seine Geweihstangen werden stärker und bekommen immer mehr Enden, vier Spitzen, zehn Spitzen oder gar vierzig. Furchtlosigkeit nimmt sich anfangs wie diese weichen Geweihsprossen aus. Sie sehen zwar schon aus wie Hörner, aber kämpfen kann man damit noch nicht so recht. Ein Rentier weiß zunächst einmal auch nicht, was es mit seinem Geweih anfangen soll. Vielleicht fühlt es sich von diesem weichen, sperrigen Gewächs auf dem Kopf sogar eher behindert. Aber dann merkt das Rentier schließlich doch, daß Hörner einfach zum Leben eines Rentiers dazugehören. Ebenso der Mensch, wenn er das zarte Herz der Kriegerschaft in sich erweckt: Er kann sich zunächst extrem unsicher und fast behindert fühlen und weiß nicht, was er mit dieser Furchtlosigkeit anfangen soll. Doch dann, wenn er diese Traurigkeit immer tiefer erfährt, geht ihm auf, daß ein Mensch weich und offen sein *sollte*. Jetzt braucht ihm die sanfte Freundlichkeit, die er in sich entdeckt hat, nicht mehr peinlich zu sein. Im Gegenteil, die Weichheit wird leidenschaftlich. Man wünscht sich, andere zu erreichen und sich mit ihnen auszutauschen.

Wenn die Zartheit des Herzens sich so entwickelt, können wir die Welt um uns her erst richtig aufnehmen und würdigen. Die Sinneswahrnehmung wird ein sehr interessantes Ding. Du bist so weich, daß du gar nicht mehr anders kannst, als dich für alles, was um dich her geschieht, zu öffnen. Wenn du Rot oder Grün oder Gelb oder Schwarz siehst, antwortest du vom Grund deines Herzens darauf. Wenn du siehst, wie jemand weint oder lacht oder Angst hat, so antwortest du auf dieselbe Weise. So entwickelt sich die erste Stufe der Furchtlosigkeit zu echter Kriegerschaft. Es wird dir immer vertrauter, ein sanfter, freundlicher Mensch zu sein – dein Rentiergeweih verliert seinen zarten Schutzpelz. Alle Lebenssituationen werden sehr real, aber auch sehr normal. Ganz natürlich und einfach und unspektakulär verwandelt sich Furcht in Furchtlosigkeit.

Das Ideal der Kriegerschaft besteht darin, traurig und sanft zu sein – nur dadurch kann der Krieger auch mutig sein. Ohne diese tiefe Traurigkeit ist der Mut brüchig wie Porzellan. Der Mut des Kriegers ist wie eine chinesische Lackschale – Holz unter dünnen, elastischen Lackschichten. Läßt man solch eine Schale fallen, dann zerbricht sie nicht, sondern federt zurück. Sie ist hart und weich zugleich.

5. Die Abstimmung von Geist und Körper

Du erkennst, daß es dir absolut zusteht, in diesem Universum zu sein und so zu sein, wie du bist, und du siehst, daß es in dieser Welt eine bedingungslose Gastfreundschaft für dich gibt. Du hast geschaut und gesehen, und du brauchst dich nicht dafür zu entschuldigen, auf dieser Erde geboren zu sein.

Der Ausdruck des grundlegenden Gutseins ist stets mit einer gewissen Sanftheit verbunden – aber nicht mit schwächlicher, lauwarmer Milch-und-Honig-Sanftheit, sondern rückhaltlos und munter, wie es einer aufrechten, entspannten Haltung von Kopf und Schultern entspricht. Diese Art von Sanftheit gibt es nur da, wo kein Zweifel, kein Zwiespalt mehr ist. Wenn man irgendeine Philosophie oder Idee als gültig annimmt, kann man sich auch einbilden, daß damit alle Zweifel ausgeräumt sind, aber wir sprechen hier nicht davon, sich für irgend jemandes Kreuzzug einspannen zu lassen, und wir sprechen nicht von Leuten, die ein Evangelium zu verkünden haben und in schönster Selbstgewißheit sogar bereit sind, sich für ihren Glauben aufzuopfern. Wirkliche Freiheit von Zweifeln hat eine ganz andere Basis, nämlich das Vertrauen in das eigene Herz. Frei von Zweifeln zu sein, bedeutet, daß man mit sich selbst verbunden ist, daß man die Übereinstimmung von Geist und Körper erfahren hat. Wenn Geist und Körper übereinstimmen, gibt es keine Zweifel mehr.

Die Abstimmung von Geist und Körper ist weder eine bloße Vorstellung noch irgendeine Technik zum Zweck der Selbstvervollkommnung, die jemand sich ausgedacht hat. Sie ist vielmehr eine Voraussetzung für das Mensch-sein überhaupt, für das harmonische Zusammenwirken von Sinneswahrnehmung, Geist und Körper. Stellen wir uns den Körper als Kamera und den Geist als Film in dieser Kamera vor. Die Frage ist, wie die beiden sinnvoll zusammenwirken können. Nur wenn Blende und Belichtungszeit exakt auf die Empfindlichkeit des Films in der Kamera abgestimmt sind, erzielt man gute Bilder. Wenn Geist und Körper in dieser Weise aufeinander abgestimmt sind, wird die Wahrnehmung klar und man fühlt sich frei von Zwei-feln, frei von den Zuckungen und der Kurzsichtigkeit der Angst, die das Verhalten so sehr entgleisen lassen können.

Wenn Geist und Körper nicht aufeinander abgestimmt sind, dann ist der Geist manchmal kurz und der Körper lang oder umgekehrt. Man wird unsicher und weiß manch-mal nicht einmal mehr, wie man ein Glas Wasser in die Hand nehmen soll. Man greift zu weit oder zu kurz und bekommt das Glas einfach nicht zu fassen. In diesem Zustand hat es überhaupt keinen Sinn, sich zum Beispiel als Bogenschütze zu versuchen oder etwas so Subtiles wie Kalligraphie zu betreiben: Man wird kaum in der Lage sein, den Pinsel in die Tusche einzutauchen geschweige denn einen Strich zu ziehen.

Die Abstimmung von Geist und Körper hat auch Konse-quenzen für unsere Beziehung zur Welt, für unseren Umgang mit der Welt. Wir können dabei zwei Stufen unterscheiden, die wir «schauen» und «sehen» nennen wollen. Wir könnten auch von lauschen und hören oder von berühren und fühlen sprechen, aber der Prozeß der Abstimmung läßt sich am besten anhand der visuellen Wahrnehmung erklären. Schauen ist unsere erste Projek-tion, und wenn man dabei Zweifel hat, dann bekommt dieses Schauen etwas Unstetes und Unsicheres. Man schaut, aber dann wird man unsicher und ängstlich, weil

man dem eigenen Sehvermögen nicht traut. Da möchte
man manchmal gar nicht mehr schauen und lieber die
Augen schließen. Es kommt jedoch darauf an, richtig zu
schauen. Sieh die Farben: Weiß, Schwarz, Blau, Gelb,
Grün, Violett. Schau. Dies ist deine Welt. Du kannst nicht
nicht-schauen. Es gibt keine andere Welt. Dies ist deine
Welt, in der du schwelgen kannst. All das ist dein Erbe:
deine Augen und diese Welt voller Farben. Schau dir an,
wie großartig das Ganze ist. Schau – jetzt gleich! Öffne die
Augen. Blinzle nicht und schau, schau – schau weiter.

Dann *siehst* du vielleicht etwas, und das ist die zweite
Stufe. Je mehr du schaust, je wißbegieriger du wirst, desto
mehr wirst du unweigerlich sehen. Dein Schauen ist unge-
hindert, weil du lauter und sanft bist, weil du nichts zu
verlieren hast und gegen nichts kämpfen mußt. Du kannst
schauen und schauen – und endlich sehen. Und du empfindest, was du siehst: warmes Rot, kühles Blau, prächtiges
Gelb, durchdringendes Grün – alles zugleich. Du nimmst
die Welt in dich auf. Was für eine phantastische Entdekkung, diese Welt. Du möchtest das ganze Universum
erkunden.

Manchmal nehmen wir die Welt ohne jede Beimischung
von Sprache wahr – direkt, spontan, präverbal. Meist läuft
unsere Wahrnehmung jedoch so ab, daß wir zuerst ein
Wort denken und dann schauen. Im ersten Fall empfinden
wir die Welt unmittelbar, im zweiten Fall reden wir uns
ein, daß wir sie sehen. Entweder schaut man und sieht
die Welt ohne jede Sprachbeimischung – wie zum ersten
Mal –, oder man sieht sie durch den Filter der Gedanken –
als eine Art Selbstgespräch. Jeder weiß, wie es ist, Dinge
direkt zu empfinden. Heftige Emotionen – Leidenschaft,
Aggression, Eifersucht – haben keine Sprache. Sie sind im
ersten Aufflammen zu intensiv. Aber nach diesem ersten
Aufflammen kommen die Gedanken: «Ich hasse dich»

oder «Ich liebe dich» oder «Sollte ich dich wirklich so sehr lieben?» Und schon findet in deinem Kopf ein kleines Gespräch statt.

Geist und Körper aufeinander abzustimmen, bedeutet, daß man direkt, also jenseits der Sprache, schaut und sieht. Damit wollen wir keine Verachtung der Sprache zum Ausdruck bringen, aber der innere Dialog, der meist nicht mehr ist als ein ständiges, halbbewußtes Geplapper, muß unterbrochen werden. Man entwickelt seine eigene Bildersprache, ganz private Tagträume und Schimpfwörter, und dann verstrickt man sich in Gespräche mit sich selbst und mit anderen – alles nur im Kopf. Gewinnt man aber das Gefühl, daß man es sich gestatten kann, von all dem loszulassen und die Welt direkt wahrzunehmen, so weitet und vertieft sich das Sehvermögen. Man wird fähig, hier und jetzt wachsam zu schauen. Die Augen öffnen sich, und man sieht plötzlich, wie farbig und frisch die Welt ist – es ist phantastisch, wie gestochen scharf und klar sie ist.

Das ist der furchtlose Blick in die Welt, der möglich wird, wenn Geist und Körper in Einklang sind. Furchtlosigkeit hat also nichts damit zu tun, von einem Felsen zu springen oder den Finger auf die heiße Herdplatte zu legen. Furchtlosigkeit ist einfach die Bereitschaft und Fähigkeit, unmittelbar und angemessen auf die Welt der Phänomene zu reagieren. Dieses furchtlose Schauen und Reagieren wirkt auf dich selbst zurück, auf die Art und Weise, wie du dich selbst siehst. Wenn du dich im Spiegel anschaust – dein Haar, deine Zähne, deinen Bart, deinen Mantel, dein Hemd, deine Krawatte, dein Kleid, deine Perlen, deine Ohrringe –, dann siehst du, daß sie alle am rechten Platz sind und du selbst am rechten Platz bist, so wie du bist. Du erkennst, daß es dir absolut zusteht, in diesem Universum zu sein und so zu sein, wie du bist, und du siehst, daß es in dieser Welt eine bedingungslose

Gastfreundschaft für dich gibt. Du hast geschaut und gesehen, und du brauchst dich nicht dafür zu entschuldigen, auf dieser Erde geboren zu sein.

Diese Entdeckung ist der erste flüchtige Blick auf etwas, das wir die «Große Östliche Sonne» nennen wollen. Mit «Sonne» meinen wir hier die Sonne der menschlichen Würde und Kraft. Die Große Östliche Sonne ist eine aufgehende Sonne, sie ist die Morgendämmerung, das Erwachen menschlicher Würde, die Morgenröte der Kriegerschaft. Die Abstimmung von Geist und Körper ruft diese Morgenröte hervor.

6. Die Morgenröte der Großen Östlichen Sonne

Der Weg der Großen Östlichen Sonne beruht auf der Einsicht, daß es in dieser Welt eine natürliche Quelle des Lichts und des Glanzes gibt – die eingeborene Wachheit des Menschen.

Der Aufgang der Großen Östlichen Sonne ist wiederum nicht einfach ein Begriff, sondern bezeichnet eine Erfahrung. Die Erkenntnis nämlich, daß man fähig ist, sich selbst zu erhöhen und das Dasein als Mensch richtig zu würdigen. Ob man Tankwart ist oder Präsident seines Landes, macht keinen Unterschied. Wer das Gutsein des Lebendigseins erfahren kann, der achtet sich selbst in jeder Lage. Und er läßt sich nicht mehr durch seine vielen Verpflichtungen entmutigen – Rechnungen zahlen, Windeln wechseln, Essen kochen, Akten ordnen. Trotz alledem beginnt man zu spüren, daß es sich lohnt, ein Mensch zu sein, lebendig zu sein, den Tod nicht zu fürchten.

Der Tod kommt, soviel ist gewiß – wir können ihm nicht entfliehen. Er kommt, was immer man auch tut. Aber wenn du mit einem Sinn für die Wirklichkeit gelebt hast und mit einem Gefühl der Dankbarkeit gegenüber dem Leben, wirst du die Würde deines Lebens hinterlassen, und deine Verwandten, Freunde und Kinder werden Achtung empfinden vor dem, der du gewesen bist. Die Vision der Großen Östlichen Sonne gründet auf dem Vermögen, das Leben zu feiern. Den Gegensatz dazu bildet die untergehende Sonne, deren Licht von der Dunkelheit aufgesogen wird. Die Vision der untergehenden Sonne beruht auf dem Versuch, die Vorstellung des Todes abzuwehren. Die Sonnenuntergangs-Sicht beruht mit anderen Worten auf Angst. Wir haben ständig Angst vor uns selbst. Wir leben in dem Gefühl, uns nicht selbst aufrecht halten zu können. Wir schämen uns unserer selbst, aber auch unseres Berufs, unseres materiellen Status, unserer Kinderstube, unserer Bildung und unserer seelischen Schwächen.

Die Vision der Großen Östlichen Sonne ist dagegen ein Ausdruck der Würdigung unserer Selbst und der Welt, eine sehr sanfte Grundhaltung. Weil wir die Welt bejahen, machen wir sie nicht zum Saustall. Wir achten auf unseren Körper, wir achten auf unseren Geist, und wir achten auf die Welt. Wir betrachten die Welt um uns her als heilig, wir dienen ihr und halten sie sauber. Für die Sonnenuntergangs-Sicht ist das Saubermachen etwas für bezahlte Hilfskräfte. Und wer sich keine Putzhilfe leisten kann, der macht es zwar selbst, betrachtet es aber als schmutzige Arbeit. Ein gutes Essen ist eine feine Sache – aber wer wäscht dann ab? Das überlassen wir am liebsten anderen.

Ständig werden ungeheure Mengen von Essensresten weggeworfen. Geht man in ein Restaurant, so werden einem oft Portionen vorgesetzt, die man unmöglich verzehren kann; sie sind nicht nach dem wirklichen Hunger bemessen, sondern nach der unersättlichen Gier der Imagination. Nur diese Imagination wird mit den gigantischen Steaks, den überhäuften Tellern vollgestopft. Was unweigerlich übrigbleibt, wandert in den Abfalleimer und ist absolut vergeudet.

Das meinen wir mit der untergehenden Sonne. Du hast eine gigantische Vision, die du aber unmöglich verdauen kannst, also wirfst du schließlich den größten Teil davon weg. Und es ist kein Wunder, daß wir solche Schwierigkei-

ten mit dem Abfall haben, denn es gibt bislang noch kaum nennenswerte Ansätze zur Wiederverwendung. Es wird sogar schon darüber nachgedacht, unseren Müll in den Weltraum zu schießen: Wir überlassen es lieber dem Kosmos, sich um unseren Abfall zu kümmern, als unsere Erde selbst sauberzuhalten. Wir schirmen uns so gut es geht gegen den Schmutz ab, damit wir ihn nicht sehen müssen – alles Unerfreuliche soll einfach nur «beseitigt» werden. Solange wir nur unser behagliches Eckchen haben, vergessen wir unsere klebrigen Teller und Gabeln. Irgendwer wird es schon machen.

Diese Haltung führt zu einer erdrückenden sozialen Hierarchie in der Sonnenuntergangswelt. Hier Menschen, die den Dreck anderer Leute beseitigen, und hier die anderen, denen es Spaß macht, den Dreck zu erzeugen.

Wer Geld hat, kann weiterprassen und braucht sich um die Abfälle nicht zu kümmern. Er kann es sich leisten, in Luxus zu leben und die Wirklichkeit zu ignorieren. So braucht man den Dreck nicht zu sehen, aber man wird auch die Nahrungsmittel nie richtig sehen. Alles ist in säuberliche Pakete unterteilt, so daß man nichts jemals ganz erfahren kann. Und wir sprechen nicht nur über Nahrungsmittel, sondern über alles, was in dieser Sonnenuntergangswelt vor sich geht: Nahrung aus der Dose, Urlaub aus der Dose, alles aus der Dose. Diese Dosenwelt läßt keinen Raum für die Erfahrung der Zweifelsfreiheit, sie läßt keinen Raum für Sanftheit, und sie läßt keinen Raum für die rückhaltlose und unverstellte Erfahrung der Wirklichkeit.

Die Vision der Großen Östlichen Sonne ist dagegen ein sehr ökologischer Ansatz. Sehen, was nötig ist und wie die Dinge organisch ablaufen – das ist die Voraussetzung für den Weg der Großen Östlichen Sonne. Die Hierarchie oder Ordnung dieser Sonnenaufgangswelt hat nichts mit willkürlich gezogenen Grenzen zu tun; sie wird sichtbar, wenn wir das Leben als einen natürlichen Prozeß betrachten und uns auf die von keinem Menschen erdachte oder erzwungene Ordnung der Welt einstimmen. Dazu müssen wir sehen lernen, daß es in dieser Welt eine natürliche Quelle des Lichts und des Glanzes gibt – die eingeborene Wachheit des Menschen. Wir können die Sonne der menschlichen Würde mit unserer Sonne am Himmel vergleichen, die die Dunkelheit durchdringt. Die Sonne ermöglicht uns zu sehen, und wenn sie in alle Fenster des Hauses scheint, regt sich in uns der Wunsch, alle Vorhänge zu öffnen. Als Analogie für die Hierarchie in der Sonnenaufgangswelt können wir eine Pflanze nehmen, die aufwärts der Sonne entgegenwächst. Die Analogie für die Hierarchie der Sonnenuntergangswelt ist ein schwerer

Deckel, der einen niederdrückt und festhält. Aus der Sicht
der Großen Östlichen Sonne hat alles seine Entwicklungs-
chance. Zum Beispiel sind sogenannte Kriminelle hier
nicht – wie in der Sonnenuntergangswelt – hoffnungslose
Fälle, die man nur noch einsperren kann, ein Teil des
Unrats, den wir gar nicht erst sehen wollen. Sie werden
vielmehr als Menschen betrachtet, die es mit der nötigen
Zuwendung durchaus schaffen können, erwachsen zu werden. Niemand wird in der Sonnenaufgangswelt aufgegeben. Niemand hat hier den Wunsch, irgend jemanden oder
irgend etwas unter einem Deckel verschwinden zu lassen.
Stets sind wir bereit, allem und jedem seine Chance zum
Erblühen zu geben.

Die Welt ist ursprünglich sauber und unverdorben –
diese Erkenntnis liegt der Sonnenaufgangs-Weltsicht zugrunde. Wenn wir uns klarmachen, daß wir nur alle Dinge
in ihren natürlichen, ursprünglichen Zustand zurückzufüh-
ren haben, gibt es keine Probleme mehr mit dem Saubermachen. Das ist wie eine Grundreinigung der Zähne beim
Zahnarzt. Wenn man die Praxis verläßt, glaubt man neue
Zähne zu haben, so gut fühlen sie sich an, aber tatsächlich
sind sie nur sauber. Erst jetzt merkt man, daß es im
Grunde gute Zähne sind.

Bei der Arbeit an uns selbst fängt das Saubermachen
damit an, die Wahrheit zu sagen. Die Aufrichtigkeit
gegenüber uns selbst muß frei von allem Zögern sein, also
frei von der Furcht, etwas Unerfreuliches zu entdecken.
Wenn man fix und fertig von der Arbeit nach Hause
kommt, kann man das ruhig eingestehen: Man fühlt sich
miserabel. Dann braucht man sein Unbehagen nicht mehr
nach allen Seiten ausschlagen zu lassen, um es irgendwie
loszuwerden. Dafür kann man sich entspannen, man kann
zu Hause so sein, wie man gerade ist. Man kann unter die
Dusche gehen, frische Sachen anziehen, etwas Erfrischen-

des zu sich nehmen und schließlich in den Garten gehen. Vielleicht fühlt man sich dann schon besser. Wenn man nah bei der Wahrheit bleibt, kann man sie auch aussprechen – und fühlt sich großartig.

In dieser Welt gibt es immer Möglichkeiten, die ursprüngliche Reinheit zu erfahren, denn diese Welt ist im Grunde sauber. Der Schmutz ist nie zuerst da. Wenn man zum Beispiel neue Handtücher kauft, sind sie sauber. Dann benutzt man sie, und sie werden schmutzig, aber man kann sie immer wieder waschen und in ihren ursprünglichen Zustand bringen. Ebenso war und ist unsere gesamte physische und psychische Existenz, ist unsere ganze Welt ursprünglich sauber, der Himmel ebenso wie die Erde, unsere Häuser und alles, was wir haben. Aber dann fangen wir an, alles mit unseren widerstreitenden Emotionen zu verschmieren. Dennoch, im Grunde ist unsere Existenz durch und durch gut, und sie ist jederzeit waschbar. Genau das verstehen wir unter dem grundlegenden Gutsein: diesen reinen Grund, der immer da ist und nur von uns gesäubert werden muß. Wir können jederzeit zu diesem Urgrund zurückkehren. Das ist die Logik der Großen Östlichen Sonne.

7. Der Kokon

Der Weg der Feigheit besteht darin, sich in einen Kokon einzuspinnen, in dem alles beim alten bleiben kann. Wenn wir immer aufs neue unsere alten Verhaltens- und Denkmuster abspulen, brauchen wir nie einen Sprung an die frische Luft oder auf neues Terrain zu wagen.

Mit der Morgenröte der Großen Östlichen Sonne sind wir im allgemeinen weit weniger vertraut als mit der Dunkelheit der Sonnenuntergangswelt. Deshalb soll die Dunkelheit unser nächstes Thema sein. Unter Dunkelheit verstehen wir hier: Uns selbst in eine vertraute Welt zurückzuziehen, um uns dort zu verstecken oder zu schlafen. Es ist, als wollten wir in den Mutterschoß zurückkriechen, um uns dort für immer zu verstecken und nur ja nicht geboren zu werden. Wenn wir Angst davor haben, aufzuwachen und unsere eigene Angst zu erfahren, spinnen wir uns in einen Kokon ein, um das Licht der Großen Östlichen Sonne nicht sehen zu müssen. Wir verkriechen uns lieber in unseren eigenen Dschungeln und Höhlen. Dann fühlen wir uns sicher. Wir mögen dann glauben, wir hätten unsere Furcht besänftigt, aber tatsächlich sind wir nur wie betäubt vor Furcht. Wir hüllen uns fest in unsere vertraute Gedankenwelt ein, so daß nichts Scharfes und Schmerzhaftes uns mehr berühren kann. Wir fürchten uns so vor unserer eigenen Angst, daß wir unser Herz ersticken.

Der Weg der Feigheit besteht darin, sich in einen Kokon einzuspinnen, in dem alles beim alten bleiben kann. Wenn wir immer aufs neue unsere alten Verhaltens- und Denk-

muster abspulen, brauchen wir nie einen Sprung an die
frische Luft oder auf neues Terrain zu wagen. Wir vergra-
ben uns in unserer düsteren Privatumwelt, wo unser
eigener Stallgeruch unser einziger Gefährte ist. Wir betrachten diesen dumpfen Kokon als Familienerbstück und
geben unsere Erinnerungen an all das Gut-Böse, Böse-Gut
ungern auf. Im Kokon gibt es keinen Tanz: kein Gehen,
kein Atmen, nicht mal ein Blinzeln. Er hat eine gemütliche
Schlafatmosphäre – ein sehr hautnahes, trautes Heim. In
der Welt des Kokons sind Dinge wie etwa ein Frühjahrs-
putz völlig unbekannt. Es ist einfach zu mühsam, zu
umständlich, ihn mal sauberzumachen. Lieber drehen wir
uns um und schlafen weiter.

Im Kokon gibt es nicht einmal den Gedanken an Licht –
bis irgendwann sich ein Verlangen nach Offenheit regt,
nach etwas anderem als unserem eigenen Stallgeruch.
Wenn wir anfangen, dieses gemütliche Dunkel einmal
näher zu untersuchen, es anzuschauen, zu riechen, zu
fühlen, dann fühlen wir uns plötzlich eingesperrt. Der erste
Impuls, der uns vom Dunkel des Kokons weg und zur
Großen Östlichen Sonne hinzieht, ist der Wunsch nach
frischer Luft. Und sobald wir ahnen, daß es frische Luft
tatsächlich geben könnte, stellen wir fest, daß unsere
Arme und Beine gefesselt sind. Wir möchten uns einmal
strecken und dann gehen, tanzen oder springen. Wahrhaf-
tig, es gibt eine Alternative zum Kokon, es gibt die
Möglichkeit, sich aus der Falle zu befreien. Mit diesem
Verlangen nach frischer Luft, nach einem Windhauch der
Freude, fangen wir an, uns nach einer anderen Umwelt
umzusehen. Und zu unserer Überraschung sehen wir jetzt
Licht, wenn auch zunächst nur schwach. An diesem Punkt
zerreißt der Kokon.

Dann erkennen wir, wie abstoßend dieser erbärmliche
Kokon ist, in dem wir uns versteckt hatten, und wollen das

Licht immer heller machen. Tatsächlich machen wir aber
nicht das Licht heller, sondern öffnen nur unsere Augen
immer mehr, immer auf der Suche nach dem hellsten
Licht. Auf diese Weise holen wir uns eine Art Fieber, das
Fieber der Großen Östlichen Sonne. Aber wir sollten uns
immer wieder an die Finsternis des Kokons erinnern. Der
Blick zurück auf den Ort, von dem wir kamen, hält uns in
Bewegung, gibt uns den Impuls zum Weitergehen.

Wenn wir nicht zurückblicken, werden wir Schwierigkeiten haben, mit der Realität der Sonnenuntergangswelt
in Beziehung zu treten. Wir können die Welt des Kokon
nicht einfach ablehnen, auch wenn sie ganz grauenhaft und
unnötig ist. Wir müssen für unsere eigene Erfahrung der
Dunkelheit und für ähnliche Erfahrungen anderer echte
Sympathie aufbringen, sonst wird unser Ausbruch aus dem
Kokon nur ein Urlaub vom Sonnenuntergang. Ohne den
Bezugspunkt, den das Zurückschauen uns bietet, neigen
wir dazu, uns in der Großen Östlichen Sonne einen neuen
Kokon zu spinnen. Jetzt, wo wir die Dunkelheit hinter uns
gelassen haben, kommt es uns so vor, als könnten wir
einfach in der Sonne baden, im Sand liegen und uns daran
berauschen.

Wenn wir aber auf den Kokon zurückschauen und das
Leiden in der Welt des Feiglings sehen, inspiriert uns das,
den Weg des Kriegers weiterzugehen. Das ist keine Reise
durch die Wüste mit dem Blick nach vorn auf den Horizont
gerichtet. Es ist eine Reise in uns selbst. So betrachten wir
auch die Große Östliche Sonne nicht als etwas, das außerhalb von uns ist, sondern sehen sie in uns: in Kopf und
Schultern, in unserem Gesicht, unserem Haar, unseren
Lippen, unserer Brust. Betrachten wir unsere Haltung,
unser Verhalten, unser ganzes Dasein, so sehen wir, daß
die Attribute der Großen Östlichen Sonne sich in allen
Aspekten unseres Seins widerspiegeln.

Damit geht das Gefühl einher, wahrhaft ein Mensch zu sein. Wir spüren, daß wir unser Leben gänzlich vorbehaltlos leben können – physisch, psychisch, spirituell und im häuslichen Bereich. Ein tiefes Gefühl von Gesundheit und Ganzheit breitet sich in unserem Leben aus, als hielten wir einen Barren von gediegenem Gold in der Hand. Es ist schwer und voll und leuchtet golden. Unsere menschliche Existenz hat etwas sehr Reales und zugleich Übervolles. Aus dieser Fülle heraus können wir anderen ein ungeheures Gesundheitsgefühl vermitteln. Diese Übertragung von Gesundheit auf die Welt ist sogar eine Grunddisziplin der Kriegerschaft. Mit Disziplin meinen wir hier nichts Unangenehmes oder Künstliches, das uns von außen auferlegt wird. Diese Disziplin ist vielmehr etwas Organisches, das ganz natürlich aus unserer Erfahrung erwächst. Wenn wir uns selbst gesund und ganz fühlen, können wir gar nicht anders, als dieses Gefühl auf andere zu übertragen.

Die Sonnenaufgangs-Weltsicht bringt auch ein natürliches Interesse an der Außenwelt mit sich. Gewöhnlich stellt «Interesse» sich nur dann ein, wenn etwas Ungewöhnliches geschieht. Auch Langeweile kann ein Grund sein: Man sucht sich etwas Interessantes. Und schließlich kann auch ein Gefühl der Bedrohung unser Interesse wecken; wir werden dann äußerst hellhörig, um uns gegen die Gefahr abzusichern. Für den Krieger, in dessen Leben Gesundheit und Ganzheit schon ihren Platz haben, ist Interesse etwas ganz Spontanes. Seine Welt ist von Natur aus voll von Interessantem, und sein Interesse oder seine Wißbegier manifestieren sich als ungetrübte Freude und Empfindsamkeit.

Wenn man Freude an etwas hat, dann entwickelt man normalerweise nur allzuleicht ein dickes Fell und wird selbstgefällig. Man macht es sich bequem, seufzt zufrieden: «Ach, wie schön, daß ich hier bin», doch das ist bloße

Selbstbestätigung. Für den Krieger hat jedoch die Freude auch etwas Schmerzhaftes, weil er sich der Welt so ungeschützt aussetzt. Diese sanfte, wehe Traurigkeit erzeugt das, was wir Interesse nennen. Man ist so verwundbar, so offen für die Welt, daß man gar nicht anders kann, als sich von ihr berühren zu lassen. Das ist eine Art Sicherheitsvorkehrung, die verhindert, daß der Krieger vom Weg abkommt oder sich ein dickes Fell wachsen läßt. Wo der Krieger sich interessiert, besinnt er sich auch auf seine Traurigkeit und Empfindsamkeit, und das vertieft seine Aufrichtigkeit und sein Interesse.

Die Große Östliche Sonne leuchtet dem Krieger auf seinem Weg der Diziplin. Auch wenn unsere Sonne am Himmel aufgeht, sind die Strahlen, die uns entgegenkommen, fast wie ein Weg, auf dem wir gehen können. Die Große Östliche Sonne schafft Bedingungen, die es uns ermöglichen, ständig voranzugehen, ohne daß unser Energievorrat sich erschöpft. Das ganze Leben bewegt sich konstant voran, auch wenn man eine monotone Arbeit mit stets gleichbleibenden Arbeitsgängen verrichtet, etwa am Fließband oder in einer Würstchenbude. Was man auch tut, jede Stunde, jede Minute ist ein neues Kapitel, eine neue Seite. Ein Krieger braucht keinen Farbfernseher und keine Videospiele. Ein Krieger braucht keine Comics, um sich zu unterhalten oder fröhlich zu sein. Die Welt, die um ihn her ihren Lauf nimmt, ist, was sie ist, und in dieser Welt stellt sich die Frage der Unterhaltung gar nicht erst. Die Große Östliche Sonne stellt alles Notwendige bereit, um dieses Leben ganz auszuschöpfen. Der Krieger braucht keine Architekten und Schneider, die ihm seine Welt aufpolieren. Erst mit dieser Erkenntnis wird man ein wahrer Krieger.

Ein wahrer Krieger braucht in keine Schlacht zu ziehen, denn er ist immer schon Sieger, ein Allbesieger. Für einen

Allbesieger gibt es nichts zu erobern, keine fundamentalen Probleme oder Hindernisse zu überwinden. Und das nicht etwa, weil der Krieger das Negative nicht sehen will und verdrängt: Wenn er zurückschaut und sein Leben betrachtet – wer er ist, was er ist und warum er in dieser Welt ist –, wenn er sich das Schritt für Schritt vor Augen führt, findet er keine fundamentalen Probleme.

Das heißt nun nicht, man solle sich einreden, daß alles in Ordnung ist. Aber wenn du wirklich schaust, wenn du dein ganzes Sein auseinandernimmst und untersuchst, wirst du finden, daß du echt und gut bist, so wie du bist. Tatsächlich ist die ganze Existenz von Grund auf sehr sinnvoll angelegt, so daß wenig Spielraum bleibt für «Pannen». Natürlich gibt es stets Herausforderungen, doch dieses Gefühl des Gefordertseins ist etwas ganz anderes als das Lebensgefühl der Sonnenuntergangswelt: daß man nämlich dazu verdammt ist, in dieser Welt mit all ihren Problemen zu leben. Für manche Menschen ist das Licht der Großen Östlichen Sonne erschreckend. Wenn man nicht weiß, was Angst ist, kann man sie natürlich auch nicht überwinden. Wenn du jedoch deine Feigheit kennengelernt hast und weißt, wo der Stolperstein liegt, kannst du über ihn hinausgehen – vielleicht nur zwei bis drei Schritte.

8. Entsagung und Wagemut

Der Krieger verzichtet auf die Aspekte seiner Erfahrung, die Barrieren zwischen ihm und anderen schaffen. Entsagung besteht mit anderen Worten darin, sich selbst zugänglicher, empfänglicher und offener zu machen.

Die Angstsituationen, die in unserem Leben vorkommen, bilden Trittsteine, die wir benutzen können, um die Angst zu überwinden. Feigheit ist das diesseitige Ufer, Unerschrockenheit das jenseitige. Wenn wir unsere Schritte richtig setzen, können wir die Grenze dazwischen überschreiten. Wahrscheinlich werden wir die Unerschrockenheit nicht sofort finden, sondern hinter unserer Angst zuerst nur eine unsichere, weiche Empfindlichkeit spüren. Noch zittern und schwanken wir, aber da ist nicht mehr bloße Bestürzung, sondern diese schmerzhafte Zartheit.

Diese Zartheit oder Verwundbarkeit enthält auch ein Element der Traurigkeit, wie wir schon gesagt haben. Das hat nichts mit Selbstmitleid oder Verlustgefühlen zu tun, sondern hängt mit der Empfindung natürlicher Fülle zusammen. Du fühlst dich so erfüllt, so übervoll, als müßtest du Tränen vergießen. Sie stehen dir in den Augen, und wenn du nur einmal blinzelst, rollen sie dir über die Wangen. Um ein guter Krieger zu sein, muß man dieses traurige, zarte Herz empfinden. Wer sich nicht allein und traurig fühlt, kann kein Krieger sein. Der Krieger ist empfänglich für alle Aspekte der Dinge – ihren Anblick, ihren Geruch, ihren Klang, ihre Gefühlsqualität. Was

immer in seiner Welt vorgeht, würdigt er wie ein Künstler.
Er erfährt die Dinge ganz und mit äußerster Lebhaftigkeit.
Die raschelnden Blätter, die Regentropfen, die auf seinen
Mantel fallen, sind sehr laut. Ein Schmetterling, der ihn
umflattert, kann in dieser aufs äußerste gesteigerten Empfindlichkeit fast unerträglich sein. Diese Sensibilität trägt
den Krieger voran in der Entwicklung seiner Disziplin. Er
fängt an, den Sinn der Entsagung zu verstehen.

Im landläufigen Verständnis wird Entsagung oft mit
Askese in Verbindung gebracht. Man gibt die sinnlichen
Freuden der Welt auf und widmet sich einem kargen
spirituellen Leben, um den höheren Sinn des Daseins
verstehen zu können. In der Shambhala-Lehre ist Entsagung etwas ganz anderes. Der Krieger verzichtet auf die
Aspekte seiner Erfahrung, die Barrieren zwischen ihm und
anderen schaffen. Entsagung besteht mit anderen Worten
darin, sich selbst zugänglicher, empfänglicher und offener
zu machen. Alles Zögern vor dieser Öffnung für andere
wird abgebaut. Zum Wohl anderer verzichtet man auf
seine Privatsphäre.

Das Bedürfnis nach dieser Entsagung erwacht, wenn du
spürst, daß dir das grundlegende Gutsein zu eigen ist.
Natürlich kann es niemals persönlicher Besitz sein, denn es
ist, wie wir gesehen haben, das Gesetz und die Ordnung
der Welt, weit umfassender als die Sphäre des Persönlichen. Dennoch versucht man gelegentlich, dieses Gutsein
in sich selbst «festzunageln»; man glaubt, man könne ein
Stückchen davon an sich bringen und in die Tasche stek-
ken. Hier schleicht sich die Idee des Privaten ein, und
deshalb ist dies auch der Punkt, an dem es der Entsagung
bedarf, an dem man der Versuchung, grundlegendes Gutsein zu besitzen, widerstehen muß. Es kommt darauf an,
den begrenzten, den «provinziellen» Ansatz aufzugeben
und eine größere Welt zu akzeptieren.

Entsagung ist auch nötig, wenn die Vision der Großen Östlichen Sonne einen schreckt. Wenn man erkennt, wie groß und gut die Große Östliche Sonne ist, ist man zuweilen völlig überwältigt. Man glaubt einen Schutz vor dieser Sonne zu brauchen, ein Dach über dem Kopf und drei regelmäßige Mahlzeiten am Tag. Man versucht sich ein kleines Nest einzurichten, um sich dem, was man gesehen hat, nicht in seiner ganzen Macht aussetzen zu müssen. Anstatt direkt in das Licht der Großen Östlichen Sonne zu blicken, möchte man lieber Fotos von ihr machen, die man dann zu Hause anschauen kann. Entsagung bedeutet hier, alle Kleinmütigkeit dieser Art von sich zu weisen.

Die Praxis der sitzenden Meditation schafft ein ideales Umfeld, um diese Entsagung zu erlernen. Während man in der Meditation mit dem Atem arbeitet, betrachtet man alle Gedanken, die sich einstellen, schlicht als «Denken». Man hält an keinem Gedanken fest und braucht sie weder zu verwerfen noch zu loben. Gedanken während der Meditation betrachtet man einfach als natürliche Ereignisse, sie haben keinerlei Wertigkeit. Die elementare Definition von Meditation ist, unbewegten Geistes zu sein. Wenn die Gedanken auf und ab gehen, geht der Geist einfach nicht mit: Man beobachtet nur unbeteiligt das Auf und Ab der Gedanken. Es mögen gute oder schlechte, aufregende oder langweilige, erhebende oder bedrückende Gedanken sein – wir lassen sie sein, was sie sind. Wir akzeptieren keinen und weisen keinen zurück. Wir empfinden einen größeren Raum, der alle Gedanken, die sich einstellen mögen, umfängt.

Anders gesagt, bei der Meditation können wir unsere Existenz, unser Sein als etwas erfahren, das unsere Gedanken zwar enthält, aber nicht durch sie bedingt oder vom Denkprozeß begrenzt ist. Man erfährt Gedanken, benennt sie als «Denken» und kehrt zum Atem zurück, der verströmt und sich in den Raum verliert. Das klingt sehr simpel, ist aber von größter Bedeutung. Man erfährt seine Welt direkt und hat es nicht nötig, diese Erfahrung zu beschneiden. Man kann vollständig offen sein, man hat nichts zu verteidigen und nichts zu befürchten. So gelangen wir zum Verzicht auf persönliches Territorium und Kleinmütigkeit.

Zur Entsagung gehört auch Unterscheidungsvermögen. Offenheit bedeutet nämlich nicht Wahllosigkeit, sondern setzt voraus, daß man unterscheiden kann, was abzulehnen und was zu akzeptieren ist. Der positive Aspekt der Entsagung, also das, was zu akzeptieren und zu pflegen ist, ist die Fürsorge für andere. Um aber für andere sorgen zu können, muß man es ablehnen, nur für sich selbst zu sorgen, man muß die Selbstsucht aufgeben. Ein selbstsüchtiger Mensch ist wie eine Schildkröte, die ihr schützendes Haus immer bei sich hat. Irgendwann einmal muß man das Zuhause verlassen und sich der größeren Welt anvertrauen. Das ist unumgänglich, wenn man fähig werden will, für andere zu sorgen.

Um die Selbstsucht zu überwinden, muß man wagemutig sein. Es ist, als stünde man auf dem Sprungbrett, vor sich das Schwimmbecken, und fragte sich: «Was jetzt?» Die naheliegende Antwort lautet: «Spring.» Das ist Wagemut. Man fragt sich vielleicht, ob man untergehen oder sich verletzen wird. Kann durchaus sein. Eine Versicherung gibt es nicht, aber es lohnt sich zu springen, um herauszufinden, was wirklich passiert. Der Krieger-Schüler muß springen. Wir sind so sehr daran gewöhnt zu akzeptieren, was schlecht für uns ist, und abzulehnen, was gut für uns ist. An unserem Kokon, unserer Selbstsucht, halten wir fest, aber selbstlos zu sein, über uns hinauszugehen, davor haben wir Angst. Unser Zögern angesichts der Notwendigkeit, unsere Privatsphäre aufzugeben und uns

dem Wohl anderer zu widmen, ist nur durch einen Sprung
zu überwinden.

Der Weg zum Wagemut, der Weg zu diesem Sprung,
besteht darin, sich während der Meditation keinen Gedanken zu eigen zu machen, Hoffnung und Furcht und alles
Auf und Ab der mentalen Prozesse hinter sich zu lassen.
Du kannst einfach *sein*, laß dich einfach *sein*, ohne dich an
die Bezugspunkte zu klammern, die dein Verstand pausen-
los herstellt. Du mußt deine Gedanken nicht loswerden.
Sie sind ein natürlicher Prozeß; sie sind in Ordnung; laß sie
sein, wie sie sind. Aber laß dich mit dem Atem gehen,
verströmen. Sieh zu, was geschieht. Wenn du dich in dieser
Weise «gehenläßt», gewinnst du Vertrauen in die Kraft
deines Seins und in deine Fähigkeit, dich für andere zu
öffnen und sie zu erreichen. Du stellst fest, daß du reich
genug bist, in dir selbst genügend Rückhalt hast, um
anderen selbstlos zu geben, und du entdeckst in dir eine
ungeheure Bereitschaft, es zu tun.

Doch wenn du den Sprung des Wagemuts geschafft hast,
wirst du möglicherweise überheblich. Du sagst dir: «Ich
bin gesprungen! Ich bin großartig, phantastisch!» Hochmütige Kriegerschaft funktioniert nicht. Nichts kann daraus zum Wohl anderer erwachsen. Zur Disziplin der
Entsagung gehört es deshalb, die Sanftheit und Verwundbarkeit weiter zu steigern, damit man weich und offen
bleibt und die zarte Traurigkeit des Herzens nicht verlo-
rengeht. Ein Krieger, der wirklich entsagen kann, ist
vollkommen nackt und ungeschützt, ohne Haut und Gewebe. Er hat darauf verzichtet, eine neue Rüstung anzuziehen oder sich ein dickes Fell wachsen zu lassen, er setzt
sich völlig entblößt der Welt aus. Er hat nicht das Verlangen, irgendeine Situation zu manipulieren. Er ist ganz
ohne Furcht das, was er ist.

Doch seltsam, jetzt, wo der Krieger seiner eigenen

Bequemlichkeit und Privatsphäre vollkommen entsagt hat, findet er sich noch mehr allein als zuvor. Er ist wie eine Insel mitten in einem See. Fähren mit Menschen pendeln gelegentlich zwischen der Insel und dem Festland, doch all das offenbart nur das tiefe Alleinsein der Insel. Der Krieger hat sein Leben dem Wohl anderer gewidmet, aber er weiß, daß er seine Erfahrung niemals ganz mit anderen teilen kann. Die ganze Fülle seiner Erfahrung gehört ihm allein, und er muß mit seiner eigenen Wahrheit leben. Und doch verliebt er sich immer tiefer in die Welt. Dieses Miteinander von Verliebtsein und Einsamkeit ermöglicht ihm, sich immer wieder nach außen zu wenden und anderen zu helfen. Durch den Verzicht auf seine private Welt entdeckt er ein größeres Universum und ein immer tiefer gebrochenes Herz. Das ist kein Grund zur Resignation, sondern ein Grund zur Freude: der Zugang zur Welt des Kriegers.

9. Die Reise – ein Fest

Kriegerschaft ist eine ununterbrochene und endlose Reise. Zu einem Krieger wird man, indem man lernt, in jedem Augenblick seines Lebens echt und aufrichtig zu sein.

Das Ziel der Kriegerschaft besteht darin, dem grundlegenden Gutsein in seiner vollständigsten, frischesten und strahlendsten Form Ausdruck zu geben. Das wird möglich, wenn man erkennt, daß man dieses Gutsein nicht *besitzt*, sondern es selbst *ist*. Wer sich darin schult, ein Krieger zu sein, muß lernen, in diesem Gutsein zu verharren, in einem Zustand vollkommener Einfachheit. Dieser Seinszustand wird in der buddhistischen Tradition *Ichlosigkeit* genannt. Die Ichlosigkeit spielt auch für die Shambhala-Lehre eine große Rolle. Man kann kein Krieger sein, bevor man die Ichlosigkeit nicht erfahren hat. Ohne Ichlosigkeit ist der Geist mit dem eigenen Ich angefüllt, mit persönlichen Vorhaben und Plänen. Ganz vom eigenen Ego erfüllt, wird man kaum in der Lage sein, sich um andere zu kümmern. Die Umgangssprache hat für diese überhebliche und stolze Haltung den Ausdruck «von sich selbst eingenommen».

Das Mittel zur Überwindung dieser Ichbezogenheit ist die im letzten Kapitel angesprochene Entsagung. Durch Entsagung gelangt man in die Welt des Kriegers, und hier ist man offener und zugänglicher für andere, aber man lebt auch allein und mit einem gebrochenen Herzen. Man versteht ganz allmählich, daß Kriegerschaft ein Weg oder

Faden ist, der sich durchs ganze Leben zieht. Es ist nicht einfach eine Technik, die man anwendet, wenn sich Hindernisse in den Weg stellen, wenn man unglücklich oder deprimiert ist. Kriegerschaft ist eine ununterbrochene und endlose Reise. Zu einem Krieger wird man, indem man lernt, in jedem Augenblick seines Lebens echt und aufrichtig zu sein. Das ist seine Disziplin.

Das Wort «Disziplin» hat leider im allgemeinen einen negativen Beigeschmack. Man denkt an Strafe, willkürliche Regeln, angemaßte Autorität, Herrschaft. In der Shambhala-Tradition verstehen wir unter Disziplin etwas anderes: Disziplin zeigt uns, wie wir zutiefst gütig, aufrichtig und echt werden können, wie wir die Selbstsucht überwinden und bei uns selbst und anderen die Ichlosigkeit oder das grundlegende Gutsein fördern können. Disziplin lehrt uns, die Reise der Kriegerschaft zu bestehen, sie führt uns auf den Weg des Kriegers und zeigt uns, wie man in dieser Welt leben muß.

Die Disziplin des Kriegers ist unerschütterlich und kennt keine Ausnahmen. Darin ähnelt sie der Sonne. Ihr Licht scheint, wo immer sie am Himmel steht. Sie scheint nicht auf dieses Stück Land und läßt jenes im Dunkel. Die Sonne und die Disziplin des Kriegers sind nicht-selektiv. Ein Krieger vernachlässigt oder vergißt seine Disziplin niemals. Sein Gewahrsein und seine Sensibilität sind stets voll entfaltet. Auch vor Situationen, die eine große Forderung darstellen oder schwierig sind, gibt er nicht auf. Sein Verhalten ist stets sanft und voller Wärme, und seine Loyalität gegenüber allen fühlenden Wesen, die in der Sonnenuntergangswelt gefangen sind, bleibt immer erhalten. Es ist seine Pflicht, Wärme und Mitgefühl für andere aufzubringen, und dabei verfällt er nie in Trägheit – seine Disziplin und Hingabe kennen kein Wenn und Aber.

Unter diesen Voraussetzungen ist seine Reise, seine

Arbeit mit anderen, sein ganzes Leben von Freude erfüllt. Warum ist das so? Weil er sein grundlegendes Gutsein erfahren hat, weil er sich an nichts mehr klammern muß und fähig ist zu entsagen. Dadurch sind Geist und Körper stets in Harmonie und voller Freude. Diese Freude ist wie Musik, die im eigenen Rhythmus und der eigenen Melodie schwelgt – ein Fest, das nie unterbrochen wird vom Auf und Ab des persönlichen Lebens.

Zur Disziplin des Kriegers gehört auch Unterscheidungsvermögen, geschickt eingesetzte Intelligenz. Der Vergleich mit Pfeil und Bogen mag dies verdeutlichen. Der Pfeil – die Intelligenz – ist spitz und besitzt die Fähigkeit, etwas zu durchdringen; doch um diese Durchdringungskraft wirksam zu machen, braucht man einen Bogen. Der Krieger ist stets wißbegierig und an seiner Welt interessiert, doch seine Intelligenz besitzt nur Durchdringungskraft, wenn er sie sinnvoll einzusetzen weiß. Wenn der Pfeil des Intellekts sich mit dem Bogen der Geschicklichkeit in der Methode vereinigt, unterliegt der Krieger nie den Versuchungen der Sonnenuntergangswelt.

Versuchung ist alles, was das Ego stärkt und der Ichlosigkeit oder dem grundlegenden Gutsein zuwiderläuft. Es gibt viele Versuchungen, kleine und große. Ein Keks kann ebenso eine Versuchung sein wie eine Menge Geld. Mit der Schärfe des Pfeils kann man die untergehende Sonne und alles unwürdige Verhalten klar erkennen – zuerst natürlich bei sich selbst, dann aber auch in der übrigen Welt. Um der Versuchung dann aber wirklich zu entgehen, braucht man den Bogen: Der Einsicht muß die Fähigkeit zu geschicktem Handeln zur Seite stehen. Wie Pfeil und Bogen zu sein, das bedeutet «nein» sagen zu Unaufrichtigkeit, «nein» sagen zu Achtlosigkeit und Gedankenlosigkeit, «nein» sagen zu jedem Mangel an Wachheit. Dieses «Nein» kann man erst richtig sagen, wenn man über Pfeil *und* Bogen verfügt, der

Intellekt allein reicht dazu nicht aus. Das Nein muß sanft und gütig sein, das ist der Bogen; und es muß scharf und entschieden sein, das ist der Pfeil. Mit beiden zusammen wird eine Unterscheidung und Entscheidung möglich: Man kann unterscheiden zwischen Sich-Gehenlassen und rechter Würdigung. Man kann die Welt anschauen und sehen, wie die Dinge tatsächlich sind. Das ist das Ende eines Mythos, der dein eigener Mythos ist, nämlich daß du nicht «nein» sagen kannst – nicht zur Sonnenuntergangswelt und nicht zu dir selbst, wenn du dich gehenlassen möchtest. Pfeil und Bogen sind in erster Linie unsere «Waffen» gegen die Versuchungen der Sonnenuntergangswelt.

Wenn man gelernt hat, Versuchungen zu widerstehen, können sich der Pfeil des Intellekts und der Bogen des geschickten Handelns als Vertrauen in die Welt manifestieren. Das vertieft die Wißbegierde. Man möchte sich jede Situation genau anschauen, um sicherzugehen, daß man sich nicht bloß mit vorgefaßten Anschauungen selbst zum Narren hält. Man möchte die Wirklichkeit vermöge der eigenen Intelligenz und des eigenen Könnens zu einer persönlichen Entdeckung machen. Vertrauen ist das Gefühl, daß man eine Situation nur richtig anschauen muß und dann gewiß eine definitive Antwort erhalten wird. Wenn man Schritte unternimmt, um etwas zu erreichen, wird dieses Handeln zu einem Resultat führen – zu Mißerfolg oder Erfolg. Wenn man einen Pfeil abschießt, wird er das Ziel entweder treffen oder verfehlen. Vertrauen ist das Wissen, *daß* eine Botschaft zurückkommen wird.

Wenn du auf diese Botschaften, die Widerspiegelungen der phänomenalen Welt, vertraust, wird die Welt voll unerschöpflichem Reichtum sein. Du lebst in einer überreichen Welt, der nie die Botschaften ausgehen. Probleme entstehen nur dann, wenn du eine Situation zu deinen Gunsten zu manipulieren oder sie zu ignorieren versuchst.

Du brichst damit das Vertrauensverhältnis zur Welt, und das kann ihren Reichtum versiegen lassen. Meist erhältst du zuvor jedoch eine Botschaft. Bist du überheblich, so drückt der Himmel dich zurück auf den Boden; bist du zu zaghaft, so richtet die Erde dich auf.

Unter Vertrauen in die Welt verstehen wir oft nur, daß sie schon für uns sorgen wird. Wir glauben, die Welt wird uns geben, was wir uns wünschen oder erwarten. Für einen Krieger bedeutet Vertrauen jedoch die Bereitschaft sich auszuliefern: Er setzt sich der Welt der Phänomene aus und vertraut darauf, daß er eine Botschaft erhalten wird – von Erfolg oder Mißerfolg. Solche Botschaften werden weder als Lob noch als Strafe aufgefaßt. Der Krieger vertraut nicht auf den Erfolg, sondern auf die Wirklichkeit. Er erkennt, daß er Fehlschläge erntet, wenn Intellekt und Handeln undiszipliniert sind oder nicht übereinstimmen, und daß Erfolg sich einstellt, wenn Intelligenz und Handeln im Einklang sind. Doch Resultate, welcher Art auch immer, sind nie der Endzweck des Handelns. Ein Resultat ist nur der Ausgangspunkt für den nächsten Teil der Reise. Die Pfeil-und-Bogen-Disziplin läßt den Krieger unaufhörlich weitergehen und macht ihm die Reise zum Fest.

Der letzte und tragende Aspekt der Disziplin des Kriegers ist meditatives Gewahrsein, das ihn lehrt, in seiner Welt den richtigen Platz in der richtigen Haltung einzunehmen. Das Licht unerschütterlicher Disziplin weist uns einen Weg des Sich-Bemühens und der Freude, zwei Dinge, die uns befähigen, die Reise zu bestehen; Pfeil und Bogen sind die Waffen gegen Versuchungen und die Mittel, um den ungeheuren Reichtum der Welt der Phänomene zu erschließen. All das kann jedoch erst wirksam werden, wenn der Krieger einen festen Sitz hat, ein Gefühl der Präsenz in seiner Welt, und das Mittel dazu ist meditatives Gewahrsein. Es lehrt den Krieger, sein Gleichgewicht wiederzufinden, wenn er es verloren hat, und es lehrt ihn, die Botschaften der Welt zur Stärkung seiner Disziplin zu nutzen, anstatt sich von ihnen ablenken oder überwältigen zu lassen.

Meditatives Gewahrsein ist wie ein Echo, das im Leben des Kriegers stets gegenwärtig ist. Zunächst wird das Echo nur bei der Praxis der sitzenden Meditation erfahren. Wenn die Gedanken wandern, wenn man sich in sie verliert, so erinnert das Echo des Gewahrseins uns daran, die Gedanken einfach als «Denken» zu benennen und zum Atem zurückzukehren. Auch wenn der Krieger seine Disziplin aus dem Auge verliert und lieber frei haben möchte, um sich der Sonnenuntergangs-Mentalität hinzugeben, ist sein Gewahrsein wie ein Echo, das zu ihm zurückkehrt.

Anfangs mag dieses Echo ziemlich schwach sein, doch dann wird es immer lauter. Der Krieger wird ständig daran erinnert, daß er hellwach und gegenwärtig sein muß, weil er sich entschieden hat, in einer Welt zu leben, wo es für das Ausruhen im Sinne der Sonnenuntergangswelt keinen Platz gibt. Manchmal glaubt man, es müsse ungeheuer erholsam sein, in der Sonnenuntergangswelt zu leben. Da muß man nicht so hart arbeiten; man kann in den Sessel plumpsen und das Echo Echo sein lassen. Aber diese Welt ist so trostlos, und wie erfrischend ist es dann, wieder zum Echo zurückzukehren. In der Sonnenuntergangswelt gibt es nicht einmal so ein Echo.

Aus dem Echo des meditativen Gewahrseins wächst uns eine Art Gleichgewichtssinn zu, ebenfalls eine wichtige Voraussetzung, um einen festen Sitz in dieser Welt zu gewinnen. Man hat das Gefühl, fest im Sattel zu sitzen auf dem launischen Pferd unseres Geistes. Auch wenn das Pferd sich unter dir bewegt, kannst du deinen festen Sitz beibehalten. Solange du eine gute Haltung im Sattel hast,

kannst du jede plötzliche Bewegung ausgleichen. Und
wenn du abrutschst, weil du eine schlechte Haltung hat-
test, nimmst du einfach deine Haltung wieder ein, fällst
aber nicht vom Pferd. Du gewinnst dein Gewahrsein
zurück, *weil* du es verloren hast und es bemerkst. Das
Abrutschen führt ganz von selbst zur Korrektur. Du
spürst, wie du immer geschickter wirst in dieser «hohen
Schule».

Das Gewahrsein des Kriegers hat nichts damit zu tun,
daß er ständig irgendeine Bedrohung im Rücken spürt. Es
beruht vielmehr auf der Schulung seiner Festigkeit – seines
Vertrauens in das grundlegende Gutsein. Festigkeit bedeutet aber keineswegs Sturheit, sondern ist einfach das
Gefühl, fest verwurzelt zu sein. Du lebst vertrauensvoll
und freudig, und deshalb kann nichts dich erschrecken.
Plötzliche Erregung oder übertriebene Reaktionen auf
eine unerwartete Situation müssen auf dieser Ebene nicht
mehr vorkommen. Du gehörst der Welt der Krieger an.
Was auch geschieht – gut oder böse, richtig oder falsch –,
du übertreibst es nicht. Du besinnst dich stets zurück auf
deinen Sattel und deine Haltung. Nichts bringt einen
Krieger aus der Fassung. Wenn jemand auf dich zukommt
und sagt: «Ich werde dich jetzt töten», oder «Hier, ich
schenke dir einen Koffer voll Geld», dann bringt dich das
nicht aus dem Gleichgewicht. Du nimmst einfach deinen
geraden Sitz im Sattel ein.

Das Prinzip des meditativen Gewahrseins gibt dir auch
einen guten Sitz auf dieser Erde. Wenn du deinen Sitz auf
der Erde richtig einnimmst, brauchst du keinen Zeugen,
der dir deinen Wert bestätigt. In einer überlieferten Geschichte wird erzählt, wie der Buddha nach seiner Erleuchtung von jemandem gefragt wurde: «Wie können wir
erkennen, daß Ihr erleuchtet seid?» Er antwortete: «Die
Erde ist mein Zeuge.» Er berührte dabei die Erde mit der

Hand, eine Geste, die als die Mudrā der Erdberührung bezeichnet wird. Ebenso ist es mit deinem festen Sitz im Sattel. Du bist vollständig in der Wirklichkeit verwurzelt. Wenn jemand fragt: «Woher soll ich wissen, ob du manchmal nicht doch übertrieben reagierst?» dann kannst du einfach antworten: «Meine Haltung im Sattel spricht für sich selbst.»

Wenn du so weit bist, erfährst du, was Furchtlosigkeit wirklich bedeutet. Du bist bereit, in jeder Situation wach zu bleiben, und du spürst, daß du dein Leben ganz selbst in die Hand nehmen kannst, weil du Erfolg und Mißerfolg gleich unbeteiligt gegenüberstehst. Erfolg und Mißerfolg sind einfach deine Reise. Natürlich bist du auch in dieser grundsätzlichen Furchtlosigkeit nicht endgültig gegen Furcht gefeit. Es kann Zeiten geben, wo du von Kopf bis Fuß schlotternd in deinem Sattel sitzt. Du sitzt kaum noch auf dem Pferd, sondern levitierst praktisch vor Angst. Aber wenn du eine tiefe Verbindung zur Erde und zum grundlegenden Gutsein hast und behältst, ist auch das ein Ausdruck der Furchtlosigkeit.

10. Loslassen

Die letzte Stufe des Loslassens besteht darin, frei von Täuschungen
zu sein. Unter Täuschung verstehen wir hier nicht absichtliche
Irreführung anderer, sondern in erster Linie Selbsttäuschung,
Zweifel an sich selbst, der andere dann verwirrt oder irreführt.

Durch die Praxis dieser Disziplin des Kriegers machen wir
Ehrgeiz und Leichtfertigkeit ein Ende und entwickeln als
Folge davon einen guten Gleichgewichtssinn. Gleichge-
wicht erwächst nicht aus dem Festhalten an etwas, sondern
aus der Freundschaft mit Himmel und Erde. Die Erde ist
Schwere, das Praktische. Der Himmel ist die Vision, die
Erfahrung des offenen Raums, in dem wir Kopf und
Schultern aufrichten können. Gleichgewicht ist die Ver-
bindung des Praktischen mit der Vision oder, wie wir auch
sagen können, die Verbindung von Geschicklichkeit und
Spontaneität.

Zuerst mußt du dir selbst vertrauen. Danach kannst du
auch der erdhaften oder praktischen Seite einer Situation
vertrauen, und das gibt dir die Fähigkeit, dich aufzurichten. Von diesem Punkt an ist Disziplin keine Plackerei und
keine große Forderung mehr, sondern reine Freude. Beim
Reiten auf einem Pferd erreicht man das Gleichgewicht
nicht, indem man sich mit den Beinen festkrampft, sondern indem man mit den Bewegungen des Pferdes fließt.
Jeder Schritt ist ein Tanz, und ebenso der Tanz des Reiters
wie des Pferdes.

Wenn die Disziplin in Fleisch und Blut übergegangen ist,

kommt es darauf an loszulassen. Es gilt, sich *in* der
Disziplin zu entspannen, um Freiheit erfahren zu können.
Freiheit hat in diesem Zusammenhang natürlich nichts mit
Hemmungslosigkeit oder Achtlosigkeit zu tun. Freiheit
heißt: von dir selbst loslassen, damit du dein Dasein als
Mensch ganz erfahren kannst. Und «Loslassen» bedeutet
die vollständige Überwindung der Idee, daß Disziplin eine
Strafe für irgendwelche Fehler oder Missetaten ist, die
man begangen hat oder begehen möchte. Du mußt ein für
allemal das Gefühl überwinden, daß mit deiner menschlichen Natur etwas grundsätzlich nicht in Ordnung ist und du
deshalb Disziplin brauchst, um dein Verhalten zu korrigie-
ren. Solange du Disziplin als etwas Äußerliches, etwas
Auferlegtes empfindest, glaubst du immer noch, daß in dir
etwas fehlt. Loslassen heißt also: jede Spur von Zweifel
oder Zögern aufzugeben, jede Verlegenheit darüber, daß
du so bist, wie du bist. Du mußt gegenüber dir selbst ganz
unverkrampft sein, erst dann siehst du wirklich, daß
Disziplin einfach der Ausdruck deines grundlegenden
Gutseins ist. Bejahe und achte dich selbst, laß von allen
Zweifeln und aller Verlegenheit los, dann wirst du dein
eigenes Gutsein ganz leben können – sichtbar für andere
und zu ihrem Wohl.

Um loszulassen, muß man sich zuerst in den verschiedenen Aspekten der Disziplin üben, von denen in den letzten
beiden Kapiteln die Rede war. Das ist notwendig, denn
sonst verwechselt man Loslassen mit Sich-Gehenlassen,
etwa in der Form von Aggressivität oder Arroganz. Ohne
richtige Schulung kann man dem Irrglauben verfallen,
Loslassen bestehe darin, sich mit äußerster Gewalt anzu-
treiben, damit man sich als tapferer und furchtloser
Mensch erweist. Das ist ein viel zu aggressives Vorgehen.
Man kann auch anderen die eigenen «Trips» aufzwingen
und sich auf ihre Kosten vergnügen, aber auch das hat

nichts mit Loslassen zu tun, sondern bläht nur das Ego. Überheblichkeit dieser Art entspringt nur der eigenen Unsicherheit, und diese Unsicherheit macht uns nicht weich und empfänglich für andere, sondern läßt uns abstumpfen.

Zum Loslassen gehören Disziplin und Geschicklichkeit. Ein Rennfahrer beherrscht seinen Wagen bei weit über 200 Stundenkilometern souverän, weil er das von Grund auf gelernt hat. Er kennt die Grenzen des Motors, des Fahrwerks und der Reifen; er kennt das Gewicht des Wagens, den Straßenzustand und die Wetterbedingungen. Deshalb kann er schnell fahren, ohne daß es halsbrecherisch wird. Es wird vielmehr zu einem Tanz. Aber wenn man ohne die nötige Disziplin mit dem Loslassen herumspielt, dann wird es gefährlich. Wenn man das Skifahren lernt und nach kurzer Zeit meint, man käme jetzt ohne systematisches Training aus, kann man sich leicht die Knochen brechen. Wer also das Loslassen nur nachahmt, wird sich wahrscheinlich Schwierigkeiten einhandeln.

Vielleicht denkst du jetzt, du wirst es nie so weit bringen, daß du dich *in* deiner Disziplin entspannen kannst. Du glaubst nicht, daß du je ein wagemutiger Mensch sein wirst. Wenn du dich jedoch erst einmal grundsätzlich auf die Disziplin eingelassen hast, ist es an der Zeit, diese Zweifel aufzugeben. Will man darauf warten, daß die Disziplin makellos wird, dann kommt dieser Zeitpunkt nie – man muß loslassen. Es gibt eine Zeit, wo die Disziplin des Kriegers anfängt Freude zu machen, wo man anfängt, sie als natürlich zu empfinden – das ist die Zeit zum Loslassen, auch wenn die Disziplin immer noch unvollkommen wirkt.

Loslassen ist natürlich mehr als bloßes Entspannen. Es ist ein Entspannen, das erst durch ein Leben in Einklang mit der Welt möglich wird, und das ist ein Leben in ständiger Herausforderung. Damit ist allerdings kein Leben in endloser Krise gemeint. Nehmen wir beispielsweise an, deine Bank teilt dir mit, daß dein Konto überzogen ist; am selben Tag hörst du von deinem Vermieter, daß er dir kündigen will, weil du die Miete nicht bezahlt hast. Du telefonierst bei deinen Freunden herum und siehst zu, ob du genügend Geld zusammenpumpen kannst, um die Krise abzuwenden. Solche Versuche, sich aus Situationen herauszuwinden, die man sich aus Achtlosigkeit gegenüber den verschiedenen Anforderungen des Lebens selbst geschaffen hat, sind kein Leben in der Herausforderung, sondern ein Leben in der Krise. Für den Krieger ist jeder Augenblick die Herausforderung, ganz er selbst zu sein, und jede dieser Herausforderungen nimmt er freudig an. Wer richtig losläßt, kann sich entspannen und die Herausforderung genießen.

Die Sonnenuntergangswelt versteht unter Loslassen nur Sich-Gehenlassen: Faulenzen, sich betrinken und dann in einer Weise über die Stränge schlagen, die «bei klarem Verstand» undenkbar wäre. Für den Krieger hat Loslassen natürlich nichts mit dem Ausbruch aus den Regeln der normalen Wirklichkeit zu tun. Er geht im Gegenteil tiefer in seine Wirklichkeit hinein, denn er weiß, daß sein Leben – so, wie es ist – alle Mittel enthält, um Depressivität und Zweifel zu überwinden und wirklich froh zu sein.

In der Sonnenuntergangswelt versucht man sich dagegen nur einzureden, daß man froh ist. Wenn du morgens aufwachst und aufgestanden bist, gehst du ins Bad und schaust in den Spiegel. Das Haar ist verwühlt, du schläfst noch halb, und unter den Augen sind Ringe. In der Sonnenuntergangswelt seufzt du tief und sagst dir: «Also, dann wollen wir mal wieder.» Du hast das Gefühl, daß du dich erst einmal ordentlich ankurbeln mußt, um den Tag überhaupt überstehen zu können. Oder, um ein anderes

Beispiel zu wählen, ein Bankräuber wacht morgens auf und sagt sich: «Toll, ich habe zwei Millionen im Keller!» – aber das ist die Sonnenuntergangsversion der Fröhlichkeit.

Echte Fröhlichkeit hat nichts damit zu tun, sich künstlich aufzumöbeln oder sich auf Kosten anderer zu bereichern, sie zu überlisten, um sich selbst lebendiger zu fühlen. Menschen besitzen das grundlegende Gutsein bereits, es ist *in* ihnen und nicht «im Keller». Schau dich im Spiegel an und bejahe, was du da siehst, ohne dich darum zu bekümmern, ob es das ist, was du sehen *möchtest*. Nimm die Möglichkeiten des Gutseins an, die sich bieten, sei nachsichtig mit dir selbst – das wird dich aufmuntern. Aufstehen, ins Bad gehen, duschen, frühstücken: All das läßt sich mit einer bejahenden Haltung tun, ohne die beständige Sorge, ob es sich mit deiner Disziplin oder deinem Tagesplan verträgt. Soviel Vertrauen zu dir selbst kannst du dir erlauben, und du wirst deine Disziplin darin viel besser praktizieren können, als wenn du dir Sorgen machst und dich ständig selbst überprüfst und dich fragst, ob du auch alles richtig machst.

Du kannst dein Leben bejahen, auch wenn du in unvollkommenen Umständen lebst. Vielleicht ist deine Wohnung verwohnt und ihre Einrichtung alt und schäbig. Man muß nicht unbedingt in einem Palast leben. Überall, wo du bist, kannst du dich entspannen und loslassen, und wo du das tust, da *ist* ein Palast. Wenn du in eine Wohnung einziehst, die von den Vormietern in schlechtem Zustand hinterlassen wurde, kannst du dir die Zeit nehmen, sie in Ordnung zu bringen – und nicht weil der Schmutz dich bedrückt, sondern weil du dich gut fühlst. Nimm dir die Zeit, richtig sauberzumachen und planvoll einzuziehen, dann wird aus einer Bruchbude ein behagliches Zuhause.

Menschliche Würde hat nichts mit materiellem Reichtum zu tun. Wohlhabende Leute mögen viel Geld für ihre

Wohnungseinrichtung ausgeben, aber das ist künstlicher Luxus. Würde erwächst aus dem Gebrauch unserer eingeborenen menschlichen Fähigkeiten, also auch aus der Arbeit mit unseren bloßen Händen, aus dem, was wir hier und jetzt richtig und gut ausführen. Und das steht uns immer offen; selbst in der schlimmsten Situation können wir unserem Leben damit noch etwas Gepflegtes und Würdevolles verleihen.

Der Körper ist eine Manifestation des grundlegenden Gutseins. Er ist ein dir besonders nahes und leicht zugängliches Mittel, dieses Gutsein zum Ausdruck zu bringen. Die richtige Wertschätzung für diesen Körper ist also von größter Bedeutung. Auch wie wir diesen Körper ernähren, kleiden und in Form halten, ist wichtig. Es ist nicht nötig, täglich Waldlauf oder Klimmzüge zu machen, aber es kommt darauf an, für ihn zu sorgen. Und selbst wenn man körperlich behindert ist, muß man sich nicht als Gefangener des Körpers fühlen, sondern kann den Körper und das Leben trotzdem bejahen und achten. Unsere Würde bleibt von allen Gebrechen unberührt. Im Angesicht von Himmel und Erde steht es uns zu, uns selbst zu lieben.

Die Shambhala-Weltsicht ist weniger eine Philosophie als vielmehr die Beschreibung der Methode, sich zum Krieger zu schulen. Man lernt dabei, sich selbst besser zu behandeln, damit man dazu beitragen kann, eine erleuchtete Gesellschaft zu schaffen. Selbstachtung ist eine wichtige Voraussetzung dafür – und eine wunderbare Erfahrung. Man hat vielleicht kein Geld, um sich teure Kleider zu kaufen, aber durch ökonomische Probleme braucht man sich durchaus nicht in die Depressivität der Sonnenuntergangswelt hineinziehen zu lassen. Würde und Gutsein stehen uns unter allen Umständen offen. Auch in ausgefransten Jeans und T-Shirt kann man ein würdevoller Mensch sein. Probleme entstehen erst, wenn man sich selbst und deshalb auch seine Kleidung nicht achtet. Wenn du mißmutig zu Bett gehst und die Kleider einfach auf den Boden wirfst – dann hast du ein Problem.

Worauf es ankommt, ist dies: Wenn man in Übereinstimmung mit dem grundlegenden Gutsein lebt, gewinnt das Leben eine natürliche Würde und Kultiviertheit. Das Leben wird weit und entspannt, ohne daß man dabei nachlässig ist. Man kann tatsächlich von aller Depressivität und von der Scham, ein Mensch zu sein, loslassen und froh sein. Man braucht der Welt nicht die Schuld an allen Problemen zu geben, sondern kann sich entspannen und sie bejahen.

Die nächste Stufe des Loslassens besteht darin, die Wahrheit zu sagen. Wenn du an dir selbst oder der Vertrauenswürdigkeit der Welt zweifelst, wirst du glauben, daß du die Wahrheit manipulieren mußt, um dich selbst zu schützen. Bei einem Einstellungsgespräch könnte es beispielsweise sein, daß du deinem potentiellen Arbeitgeber nicht ganz die Wahrheit über deine Qualifikationen sagst, um den Job zu bekommen. Vom Shambhala-Standpunkt aus ist jedoch Aufrichtigkeit die beste Strategie. Die Wahrheit sagen heißt natürlich nicht, daß man sein Innerstes nach außen kehren und auch Dinge preisgeben muß, deren man sich schämt. Du hast nichts, dessen du dich schämen mußt! Diese Einsicht ist die Grundlage der Aufrichtigkeit. Mag sein, daß du nicht der größte Gelehrte, Techniker, Künstler oder Liebhaber auf der Welt bist, aber was du bist, ist echt und im Grunde gut. Wenn du das wirklich empfindest, kannst du von allem Zögern und aller Verlegenheit loslassen und ohne dich selbst besser oder schlechter zu machen die Wahrheit sagen.

Jetzt erst versteht man, wie wichtig offene Kommunikation mit anderen ist. Wenn du anderen die Wahrheit sagst, können sie auch dir gegenüber offen sein – vielleicht nicht sofort, aber immerhin gibst du ihnen die Möglichkeit, sich ehrlich zu äußern. Wenn du nicht sagst, was du empfindest, verwirrst du dich selbst und andere. Wenn wir der Wahrheit ausweichen, machen wir den eigentlichen Zweck der Sprache – die Kommunikation – zunichte.

Die Wahrheit sagen, hat auch etwas mit Sanftheit zu tun. Ein Shambhala-Mensch spricht sanft und leise, er braucht nicht zu bellen. Sanftes Sprechen ist ebenso ein Ausdruck der Würde wie gute Kopf- und Schulterhaltung. Kaum vorstellbar, daß ein Mensch mit guter Kopf- und Schulterhaltung anfängt zu bellen. Wenn man sich anderen verständlich machen möchte, braucht man nicht auf den Tisch zu schlagen und zu brüllen. Wenn du die Wahrheit sagst, kannst du sanft sprechen, und deine Worte haben trotzdem Kraft.

Die letzte Stufe des Loslassens besteht darin, frei von Täuschungen zu sein. Unter Täuschung verstehen wir hier nicht absichtliche Irreführung anderer, sondern in erster Linie Selbsttäuschung, Zweifel an sich selbst, der andere dann verwirrt oder irreführt. Wenn man jemanden um Rat für irgendeine Entscheidung bittet, dann muß die Frage eine wirkliche Bitte um Hilfe sein und darf nicht einem bloßen Mangel an Selbstvertrauen entspringen, denn sonst täuscht man den anderen. Frei von Täuschung kann man nur sein, wenn man sich selbst gegenüber aufrichtig ist. Wenn man Vertrauen in das eigene Sein besitzt, dann ist die Kommunikation mit anderen Menschen echt und vertrauenswürdig.

Selbsttäuschung entsteht oft daraus, daß man der eigenen Intelligenz nicht traut und befürchtet, daß man mit dem Leben nicht zurechtkommt. Man ist unfähig, die eigene eingeborene Weisheit zu sehen. Weisheit, das ist etwas ganz Großes *da draußen*. Diese Haltung muß überwunden werden. Es gibt nur einen Bezugspunkt, auf den

wir uns verlassen können und der uns vor Täuschungen
bewahrt, nämlich das Wissen, daß das grundlegende Gutsein schon in uns *ist*. Dieses Wissen kann man durch die
Praxis der Meditation als Gewißheit erfahren. In der
Meditation können wir einen Geisteszustand erfahren, der
ohne Hintergedanken und frei von Angst und Zweifeln ist.
Dieser Geisteszustand wird durch das Auf und Ab der
Gedanken und Emotionen nicht erschüttert. Anfangs er-
hascht man nur flüchtige Blicke auf diesen Zustand, man
sieht einen Funken un-bedingten, grundlegenden Gutseins. Dadurch fühlt man sich noch nicht vollkommen frei
oder durch und durch gut, aber man erkennt, daß Wachheit und Gutsein *schon da sind*. Jetzt kann man von
Zweifeln und Zaghaftigkeit loslassen und ohne Täuschung
leben. Es gibt etwas Aufrichtendes in unserem Leben, das
einfach existiert, ohne daß wir es erst schaffen müssen. Das
Loslassen bringt uns mit dieser aufrichtenden Energie in
Kontakt, die uns erlaubt, Disziplin und Freude ganz zu
verschmelzen, so daß unsere Disziplin mühelos und herr-
lich wird.

Jeder hat diesen Windstoß der Kraft schon einmal
erlebt. Sportler erleben zum Beispiel im Wettkampf diese
plötzliche Entfesselung der Energie. Oder denken wir an
den Sturm der ersten Verliebtheit. Manchmal empfinden
wir die Energie auch eher als eine kühle Brise der Freude.
Das ist, wie wenn man überhitzt und schwitzend unter die
Dusche geht; man fühlt sich dann köstlich erfrischt und wie
mit neuer Energie geladen.

Normalerweise nehmen wir an, daß dieser Energiestoß
von außen kommt und irgendwie situationsbedingt ist.
Sportler können geradezu süchtig nach ihrem Sport werden, weil sie nur hier diesen plötzlichen Kraftstrom empfinden. Manche Menschen sind süchtig danach, sich immer
wieder zu verlieben, weil sie sich dabei so ungeheuer gut,

so lebendig fühlen. Durch das Loslassen entdecken wir dagegen eine Quelle voraussetzungslos existierender Energie, die immer zugänglich ist, ganz unabhängig von den Umständen. Diese Energie kommt nirgendwoher und ist doch immer da. Es ist die Energie des grundlegenden Gutseins.

Diese aus sich selbst existierende Energie wird in der Shambhala-Tradition *Windpferd* genannt. Der Wind-Aspekt besagt, daß die Energie des grundlegenden Gutseins stark, im Überfluß vorhanden und strahlend ist. Zugleich kann man das grundlegende Gutsein aber auch reiten, und dieser Aspekt wird mit Pferd bezeichnet. Wer der Disziplin der Kriegerschaft, vor allem der Disziplin des Loslassens folgt, der kann den Wind des Gutseins ins Zaumzeug nehmen. In gewissem Sinn läßt sich das Windpferd nie ganz zähmen – grundlegendes Gutsein wird nie zu persönlichem Besitz. Man kann seine Energie jedoch wachrufen und für sich selbst und andere dieses Gutsein schaffen – und nicht nur auf irgendeiner philosophischen Ebene, sondern im konkreten, physischen Leben, hier und jetzt und rückhaltlos. Wenn du mit der Energie von Windpferd in Berührung gekommen bist, kannst du ganz zwanglos von der Sorge um deinen eigenen Geisteszustand loslassen und an andere denken. Du spürst ein Verlangen, deine Entdeckung des Gutseins mit anderen zu teilen, mit deinen Brüdern und Schwestern, mit Vater und Mutter, mit allen Freunden, deren Leben die Botschaft des grundlegenden Gutseins ebenfalls bereichern würde. Die Bereitschaft, die Kraft des grundlegenden Gutseins in sich selbst anzunehmen und diesen Geisteszustand dann furchtlos gegenüber anderen darzustellen – das ist die Entdeckung von Windpferd.

Die Erfahrung dieser Erhabenheit der Welt ist etwas sehr Freudvolles, aber sie bringt auch Traurigkeit mit sich. Das ist wie Verliebtheit. Mit dem oder der Geliebten zusammenzusein, ist ebenso köstlich wie schmerzhaft. Freude und Schmerz mischen sich in diesem Zustand. Aber das stellt kein Problem dar, sondern ist vielmehr ein emotionaler Idealzustand. Ein Krieger, der mit Windpferd lebt, empfindet das Glück und das Leid der Liebe in allem, was er tut. Er empfindet heiß und kalt, süß und sauer zugleich. In guten und schlechten Zeiten, in Erfolg und Mißerfolg empfindet er Traurigkeit und Freude zugleich.

So fängt er an zu verstehen, was bedingungsloses Vertrauen ist. Das tibetische Wort für Vertrauen ist *Ziji*. *Zi* bedeutet «Glanz», und *ji* bedeutet «Herrlichkeit» oder «Würde», in manchen Zusammenhängen auch «monolithisch». *Ziji* bringt also eine strahlende Freude zum Ausdruck, bei der die Würde gewahrt bleibt.

Vertrauen wird manchmal so verstanden, daß man in einer Situation, die keine Alternative mehr läßt, alle Reserven an Information, Kraft und Gedächtnis mobilisiert, die Zähne zusammenbeißt, zum Angriff übergeht und sich einhämmert, daß man es schon schaffen wird. So handeln Amateurkrieger. Der Shambhala-Krieger vertraut nicht *auf* etwas, sondern verharrt in einem Zustand grundsätzlichen Vertrauens, frei von Konkurrenz- oder Überlegenheitsdenken. Das ist ein voraussetzungsloser Zustand, ein unerschütterlicher Geisteszustand, der keinen Bezugspunkt braucht. Darin ist kein Platz für Zweifel, nicht einmal für den Gedanken an Zweifel. Diese Art von Vertrauen enthält Sanftheit, weil Furcht sich gar nicht erst einstellt, sowie Standhaftigkeit, weil man sich stets selbst zu helfen weiß; und es ist voller Freude, weil Vertrauen in das Herz den Sinn für Humor stets wachhält. Dieses Vertrauen kann dem Leben eines Menschen Adel, Kultiviertheit und Fülle verleihen. Darüber wollen wir im zweiten Teil dieses Buchs sprechen.

Zweiter Teil:

Die heilige Welt des Kriegers

Dieser Geist voller Furchtsamkeit
Sollte in die Wiege der liebevollen Güte gelegt
Und mit der unergründlichen und leuchtenden Milch
    ewiger Zweifelsfreiheit gesäugt werden.
Im kühlen Schatten der Furchtlosigkeit
Fächle ihm Luft zu mit dem Fächer von Freude und
    Glück.
Wenn er älter wird,
Führ ihn auf den Spielplatz, der aus sich selbst besteht,
Indem du ihm die unterschiedlichsten Phänomene vor
    Augen führst.
Wenn er noch älter wird,
Führe ihn, um das ursprüngliche Vertrauen zu fördern,
In die Bogenschützen-Schlachtreihe der Krieger ein.
Wird er noch älter,
So laß ihn, um sein ursprüngliches Selbst-Wesen zu er-
    wecken,
Die Gesellschaft der Menschen sehen,
Die Schönheit und Würde besitzt.
Dann kann der furchtsame Geist
Sich zum Geist des Kriegers wandeln,
Und dieses ewig jugendliche Vertrauen

Kann sich ohne Anfang und Ende in den Raum weiten.
An diesem Punkt sieht er die Große Östliche Sonne.

11. Jetztheit

Wir müssen eine Verbindung suchen zwischen dem Überlieferten und unserer gegenwärtigen Lebenserfahrung. Diese Verbindung ist das, was wir hier als Jetztheit oder Magie des gegenwärtigen Augenblicks bezeichnen.

In dem Augenblick, wo ein Mensch geboren wird und mit seinem ersten Schrei frei vom Schoß der Mutter zu atmen beginnt, ist er ein eigenständiges Individuum. Natürlich verbindet uns dann immer noch eine seelische «Nabelschnur» mit den Eltern, doch wenn wir älter werden und heranwachsen, nimmt diese Abhängigkeit von Jahr zu Jahr ab. Man wird zu einem Individuum, das losgelöst von seinen Eltern existieren kann.

Auf der Reise durch das Leben müssen wir uns von der neurotischen Verhaftung, irgend jemandes Kind sein zu wollen, befreien. Mit dem Prinzip der Kriegerschaft haben wir dargestellt, wie ein Individuum persönliche Disziplin ausbilden kann und dadurch reif und unabhängig wird und persönliche Freiheit erfährt. Wenn das erreicht ist, wird es ebenso wichtig, die Gemeinschaft der Menschen zu suchen. Das ist ein ganz natürlicher Zug im Leben eines Kriegers, gegründet auf eine umfassendere Schau der Welt. Während man zu einem Krieger wird, empfindet man eine immer tiefere Verbundenheit mit allen Menschen. Das ist der feste Grund, von dem aus man anderen helfen und einen wirklichen Beitrag zur Entwicklung der Gesellschaft leisten kann.

Unsere Verbindung zu anderen Menschen und unsere
Sorge um ihr Wohlergehen muß jedoch persönlichen und
praktischen Ausdruck finden, darf also nicht bloße Theorie bleiben. Der direkteste Ansatz für die Gemeinsamkeit
mit anderen und die Arbeit für ihr Wohlergehen ist uns
durch unsere eigene häusliche Situation gegeben. Um ein
Krieger zu werden, kann es von großer Bedeutung sein,
sich in ein Familienleben einzufügen und sich dieser Aufgabe voller Achtung und Hingabe zu widmen, um das
Bestmögliche daraus zu machen.

Mit der bloßen Vision der möglichen Entwicklung der
Welt kann man der Gesellschaft noch nicht helfen. Es gibt
so viele Theorien, wie die Gesellschaft organisiert sein
müsse, damit für die Bedürfnisse der Menschen gesorgt
sei. Es gibt die Idee der demokratischen Regierung, der
Herrschaft des Volks. Dann existiert auch die Theorie, daß
die Herrschaft einer Elite eine progressive Gesellschaft
herbeiführen wird. Schließlich wäre noch der wissenschaft-
liche Ansatz zu nennen, der eine gleichmäßige Verteilung
der Rohstoffreserven und ein globales ökologisches
Gleichgewicht anstrebt. Solche Ideen haben gewiß ihren
Wert, aber sie können nicht losgelöst von der Erfahrung
des einzelnen in seinem unmittelbaren Lebensraum existieren, sondern müssen damit verknüpft werden. Andern-
falls entsteht eine riesige Kluft zwischen einer großartigen
Vision und der Realität des täglichen Lebens.

Eine typische Situation: Ein Mann und eine Frau begegnen sich, sie verlieben sich ineinander und heiraten; sie
richten sich eine Wohnung ein, und dann bekommen sie
vielleicht Kinder. Sie müssen sich darum kümmern, daß
der Staubsauger funktioniert, und müssen sich fragen, ob
sie sich einen neuen Herd leisten können. Die Kinder
wachsen auf, gehen zur Schule und lernen lesen und
schreiben. Vielleicht haben die Kinder eine gute Bezie-

hung zu ihren Eltern, aber das Geld ist knapp. Oder Geld ist reichlich vorhanden, und dafür hapert es mit den Beziehungen in der Familie. Zwischen solchen Problemen haben wir uns zu bewegen und zurechtzufinden. Wir müssen dem Leben auch auf dieser scheinbar banalen Ebene Achtung entgegenbringen, denn wenn wir unsere Vision auf gesellschaftlicher Ebene verwirklichen wollen, müssen wir sie erst einmal in den alltäglichen Situationen des Familienlebens bewähren.

Selbst eine Familie zu gründen, vermittelt auch Stolz auf die Weisheit der Familientradition. Achtung gegenüber der eigenen Herkunft muß keineswegs bedeuten, daß man sich auf seine Ahnen etwas einbildet und auf andere Menschen herunterschaut. Sie hängt vielmehr mit der Erkenntnis zusammen, daß sich in Struktur und Erfahrung des Familienlebens die tiefere Weisheit einer Kultur widerspiegelt. Diese Weisheit ist unser Erbe, und sie ist im alltäglichen häuslichen Leben gegenwärtig. Die Wertschätzung für unsere Familientradition öffnet uns für den Reichtum der Welt.

Ich erinnere mich noch sehr deutlich an die Erfahrungen, die mit der Entdeckung meiner eigenen Herkunft verbunden waren. Ich bin in einem Kuhstall in Osttibet geboren, wo die Menschen noch nie einen Baum gesehen haben. Die Menschen dieser Gegend leben in baum- und buschlosem Weideland. Sie leben das ganze Jahr von Fleisch und Milchprodukten. Ich wurde als Sohn dieser kargen Erde, als Sohn einfacher Landleute geboren. Schon sehr früh wurde ich als Tulku, als inkarnierter Lama, erkannt und in die Surmang-Klöster gebracht, wo ich meine Schulung durchlief und ein Mönch wurde. So wurde ich also schon bald nach meiner Geburt aus dem Familienkreis entfernt und in die klösterliche Umgebung verpflanzt. Dort wurde ich stets bei meinem religiösen Namen genannt, Trungpa

Rinpoche. Dennoch habe ich meine Herkunft nie vergessen.

Meine Mutter begleitete mich ins Kloster und blieb mehrere Jahre bei mir, bis ich alt genug für die formale Schulung war. Einmal, ich mag vier oder fünf Jahre alt gewesen sein, fragte ich meine Mutter: «Mutter, wie ist unser Name?» Sie war recht verlegen. Sie sagte: «Was meinst du mit *unser*? Du weißt doch, daß du Trungpa Rinpoche heißt.» Aber ich wollte es unbedingt wissen und fragte weiter: «Wie ist unser Name? Unser Familienname? Wo kommen wir her?» Und sie sagte: «Ach, denk nicht daran. Es ist ein sehr einfacher Name, und vielleicht wirst du dich seiner schämen.» Doch ich beharrte darauf: «Wie ist unser Familienname? Wie heißen wir?»

Dabei spielte ich mit eingelegten Rettichen, die an die Pferde verfüttert werden. Ich hatte sie auf dem Boden vor der Küchentür aufgelesen. Ein Tulku soll so etwas eigentlich nicht essen, aber ich nagte an einem und fragte immer wieder: «Mutter, wie ist unser Name, unser Familienname?» Ich nahm mir den zweiten Rettich vor, und der war ziemlich schmutzig, und meine Mutter war sehr besorgt und schämte sich. Aber es berührte sie auch sehr, daß ich gefragt hatte. Wir empfanden beide für einen Augenblick eine tiefe Beziehung zwischen uns.

Es war ein sonniger Tag, ein Strahl fiel durch ein Fenster in der Decke auf ihr Gesicht. Sie sah alt und jung zugleich aus. Ich fragte immer weiter, und schließlich sagte sie: «Mukpo. Mukpo natürlich. Aber beiß nicht in diesen Salzrettich, der ist für die Pferde.» Nun, ich habe ihn doch angebissen. Ich erinnere mich noch, wie ich ihn kaute. Er war sehr knackig und schmeckte mir vorzüglich, etwa wie japanische Tsukemono. Ich sah meine Mutter an und fragte: «Heißt das, daß ich auch Mukpo bin?» Sie wurde unsicher und sagte: «Na, du bist Rinpoche!» Sehr klar ist mir noch meine nächste Frage gegenwärtig. Ich fragte sie, ob ich ihr Sohn und aus ihrem Körper gekommen sei. Zuerst sagte sie: «Ja», aber dann verbesserte sie: «Nun, vielleicht bin ich gar kein richtiger Mensch, sondern etwas Geringeres. Ich habe den Körper einer Frau und bin von niederer Abstammung. Geh jetzt bitte auf dein Zimmer.» Sie nahm mich auf den Arm und trug mich vom Küchenanbau zu meinem Zimmer. Aber ich habe den Namen Mukpo als meinen Familiennamen behalten, als meine Identität und meinen Stolz.

Meine Mutter war eine sanfte und gütige Frau. Ich kann mich nicht erinnern, sie je aggressiv erlebt zu haben, und anderen gegenüber war sie stets gefällig und freundlich. Die Weisheit meiner Mutter hat mich viel über die Prinzipien der menschlichen Gesellschaft gelehrt.

Heutzutage ist die Familie nicht mehr der Brennpunkt der Gesellschaft. Früher war die zentrale Stellung der Familie zum Teil auch eine Frage des Überlebens. Bevor es Krankenhäuser und Ärzte gab, war eine Frau bei der Geburt ihrer Kinder und für ihre Erziehung auf die Hilfe ihrer Mutter angewiesen. Heute gibt es keinen Verwendungszweck mehr für Erfahrung und Wissen der Großeltern, sie haben ihre natürliche Rolle verloren und werden nicht mehr gebraucht. Sie enden in Altersheimen und Pensionärswohngebieten; dann und wann kommen sie, um ihre Enkel zu besuchen und zuzuschauen, wie nett sie spielen.

In manchen Kulturen errichteten die Menschen Schreine zur Verehrung der Ahnen. In einigen Gesellschaften wie zum Beispiel der modernen japanischen ist die Ahnenverehrung heute noch eine starke Tradition. Mancher mag denken, daß solche Praktiken nur von primitivem Denken und Aberglauben zeugen, aber die Verehrung unserer Vorfahren kann tatsächlich ein Zeichen der Achtung vor

der im Laufe vieler Jahrhunderte angesammelten Weisheit
unserer Kultur sein. Ich setze mich nicht dafür ein, den
Ahnenkult zu erneuern, aber wir sollten würdigen, daß
Menschen seit Jahrtausenden nach Weisheit streben und
vieles erreicht haben: Sie haben sich Werkzeuge gemacht
und Pfeil und Bogen ersonnen; sie haben gelernt, Bäume
zu fällen, ihre Nahrung über dem Feuer zuzubereiten und
zu würzen.

Die Methoden des Hausbaus haben eine jahrtausende-
lange Entwicklungsgeschichte hinter sich. Zuerst lebten
die Menschen in Höhlen, dann fanden sie heraus, wie man
einfache Unterkünfte selbst bauen kann. Dann lernten sie,
größere Gebäude mit Stützbalken und Pfeilern zu bauen,
und ersannen schließlich selbsttragende Decken und Ge-
wölbe, eine bemerkenswerte Entdeckung. Solches Wissen, das durchaus keiner Sonnenuntergangs-Haltung ent-
sprang, verdient unseren Respekt. Viele Menschen müssen unter einstürzenden Gewölben zu Tode gekommen
sein, bis die Konstruktionsprinzipien ganz durchschaut
waren. Menschen opferten ihr Leben, bis endlich praktika-
ble Baumethoden gefunden waren. Man mag dafürhalten,
das seien Nebensächlichkeiten, und in gewisser Weise
stimmt das auch; andererseits ist jedoch gerade die man-
gelnde Wertschätzung für den Erfindungsreichtum und
den Erfahrungsschatz der Menschheit – die Ausdruck des
grundlegenden Gutseins sind – heute zu einem der größten
Probleme in der Welt geworden.

Bloße Verehrung der Vergangenheit bringt uns allerdings der Lösung unserer heutigen Probleme noch nicht
näher. Wir müssen vielmehr eine Verbindung suchen
zwischen dem Überlieferten und unserer gegenwärtigen
Lebenserfahrung. Diese Verbindung ist das, was wir hier
als *Jetztheit* oder Magie des gegenwärtigen Augenblicks
bezeichnen. Wenn du ein Gemälde betrachtest, ein Musik-

stück anhörst oder Zugang zu einem Werk der Literatur suchst, so kann das – ganz gleich, wann das Werk geschaffen wurde – nur *jetzt* geschehen. Du erfährst dieselbe Jetztheit, in der das Werk geschaffen wurde. Es ist immer *jetzt*.

Leben in der Jetztheit ist das Leben in der Erfahrung, daß stets dieser gegenwärtige Augenblick, dieser Punkt in deinem Leben, *die* Gelegenheit ist. Es kommt also darauf an, dir klarzumachen, wo du bist und was du bist – hier und jetzt. Genau aus diesem Grund ist das Familienleben, der häusliche Alltag, so wichtig. Du solltest dein Zuhause als heilig betrachten, als die goldene Gelegenheit, Jetztheit zu erfahren. Und die Erfahrung dieser Heiligkeit fängt damit an, sich ganz einfach für alle Einzelheiten des Lebens zu interessieren. Interesse heißt hier: allem mit Gewahrsein oder Wachheit begegnen – Gewahrsein beim Kochen, Gewahrsein beim Autofahren, Gewahrsein beim Windelnwechseln, Gewahrsein sogar im Streit. Dieses Gewahrsein befreit uns von Hast, Chaos, Neurosen und Ressentiments aller Art. Es räumt die Hindernisse weg, die der Jetztheit im Wege stehen, und in dieser Jetztheit können wir jederzeit und überall zu heiterer Zuversicht zurückfinden.

Das Prinzip der Jetztheit ist auch für das Streben nach einer erleuchteten Gesellschaft sehr wichtig. Wer der Gesellschaft helfen möchte, wird sich fragen, wie man das wohl am besten macht und woher man die Sicherheit nehmen soll, daß das, was man tut, aufrichtig und gut ist. Die einzige Antwort ist Jetztheit. *Jetzt*, das ist der einzig wichtige Gesichtspunkt. Wenn du unfähig bist, das Jetzt zu erfahren, bist du mit jeder Unternehmung von vornherein auf dem Holzweg, weil du nach einem *anderen* Jetzt Ausschau hältst, und das ist nicht nur logisch ein Widerspruch, sondern funktioniert einfach nicht. Solange du das versuchst, gibt es nur Vergangenheit und Zukunft.

Kulturen gehen nieder, wenn sie nicht mehr im Jetzt

bleiben, sondern Vergangenheit und Zukunft werden. Große Epochen der Kunst und des Denkens oder des Friedens waren stets jetzt. In solchen Zeiten geschah alles im Augenblick seines Jetzt. Dann aber verloren diese Epochen und Kulturen ihr Jetzt.

Es kommt also darauf an, die Jetztheit zu erhalten, um diese Art von Verfall nicht zu wiederholen, um selbst nicht *jetzt* in den Verfall abzurutschen, um zu verhindern, daß das Jetzt durch trügerische Synonyme ersetzt wird. Die Vision einer erleuchteten Gesellschaft geht davon aus, daß Tradition, Kultur, Weisheit und Würde von jedem einzelnen jetzt erfahren und jetzt fortgeführt werden können. So kann es niemals zum Verfall kommen.

Die erleuchtete Gesellschaft braucht ein gutes Fundament. Die Jetztheit unserer häuslichen Situation ist dieses Fundament. Von dort gehen wir aus. Betrachten wir unser Zuhause als heilig, so können wir uns mit Gewahrsein und Freude darauf einlassen, anstatt das Gefühl zu bekommen, daß wir uns in ein Chaos verstricken. Geschirrspülen und Essenkochen mögen uns als sehr banale Tätigkeiten erscheinen, doch wenn wir Gewahrsein hineinbringen, schulen wir unser ganzes Sein und werden dadurch fähig, uns weiter zu öffnen anstatt uns immer mehr einzugrenzen.

Manch einer empfindet, daß er zwar einen guten Blick für die Gesellschaft hat, sein persönliches Leben aber ein aufreibender Dauerstreß ist – Geldprobleme, Partnerprobleme, Familienprobleme – und daß diese beiden Dinge, die große Vision und das Alltagsleben, einander widersprechen. Sie lassen sich jedoch in der Jetztheit miteinander verschmelzen.

Um die Probleme der Welt zu überwinden, muß man mit dieser wirklichen Erde in Berührung kommen und nicht, wie viele glauben, die Welt unterwerfen. Die Welt zu unterwerfen, um damit ihre Wirklichkeit abzuwehren, das ist die Methode der Sonnenuntergangs-Mentalität. Wir haben so viele Deodorant-Sprays, um die wirkliche Welt nicht riechen zu müssen, so viele Konserven, um die wirklichen Zutaten unserer Nahrung nicht schmecken zu müssen. Die Shambhala-Vision ist nicht der Versuch, eine Phantasiewelt zu schaffen, in der niemand mehr Blut sehen oder Alpträume ertragen muß. Auf dieser wirklichen Erde zu leben, der Erde, die Früchte wachsen läßt und die Voraussetzungen für unser Dasein schafft – das ist Shambhala-Weltsicht. Man kann lernen, auf dieser Erde und mit ihr zu leben, indem man beispielsweise lernt, ein Zelt zu bauen, ein Pferd zu reiten, eine Kuh zu melken, ein Feuer zu entfachen. Auch wenn du mitten in einer Großstadt lebst, kannst du lernen, die Heiligkeit, die Jetztheit des Wirklichen zu erfahren. Nur auf dieser Basis läßt sich eine erleuchtete Gesellschaft bauen.

12. Die Entdeckung des Magischen

> Jede Wahrnehmung kann uns mit der Wirklichkeit in Verbindung
> bringen. Was wir sehen, muß nicht etwas sonderlich «Schönes» sein;
> wir können vielmehr alles wertschätzen, was es gibt. Etwas
> Magisches, Lebendiges ist in allem. In allem ist lebendige
> Wirklichkeit.

In der Gesellschaft des 20. Jahrhunderts ist die Fähigkeit, das Einfache zu würdigen, fast verlorengegangen. Von London bis Tokio bemüht man sich allenthalben, Geschwindigkeit in Vergnügen und Behagen umzumünzen. Die Welt ist so weit mechanisiert, daß man nicht einmal mehr selbst zu denken braucht. Man drückt ein paar Knöpfe, und der Computer wirft die Antworten aus. Auch Kopfrechnen ist überflüssig geworden, der Minirechner macht es schneller und genauer. Lässigkeit ist die Devise einer Gesellschaft, die nur noch in Begriffen der Effizienz denkt und für die Achtung und Würdigung der Dinge keinen Platz mehr hat. Wozu eine Krawatte tragen, wenn der Zweck der Kleidung nur darin besteht, den Körper zu bedecken? Wozu sich um gute, frische Lebensmittel bemühen, wenn der Zweck des Essens nur darin besteht, den Magen zu füllen und den Körper mit «Nährstoffen» zu versorgen?

Aber die Wirklichkeit der Welt ist mehr, als dieser Lebensstil des 20. Jahrhunderts glauben machen möchte. Das Vergnügen ist billig und banal geworden, von Freude reden wir lieber gar nicht mehr, und das Glück kommt aus dem Computer. Kriegerschaft besteht darin, die Verbindung zur Jetztheit des Wirklichen wiederaufzunehmen, so daß man vorangehen kann, ohne die Einfachheit, ohne die Beziehung zu dieser Erde zu zerstören. Im vorigen Kapitel sprachen wir über die Bedeutung der Jetztheit als Bindeglied zwischen der Weisheit der Vergangenheit und den Herausforderungen der Gegenwart. Jetzt wollen wir erörtern, was der Grund der Jetztheit ist und wie man ihn entdecken kann. Um die Jetztheit wiederzuentdecken, muß man zurückschauen, zurück auf seine eigene Herkunft, auf das eigene ursprüngliche Sein. Damit ist jedoch kein Zurückschauen in der Zeit gemeint, sondern ein Zurückschauen in den eigenen Geist, in jenen Zustand vor der Geschichte, vor dem Denken. Wer den Kontakt zu diesem Urgrund herstellt, wird nie wieder durch die Illusion von Vergangenheit und Zukunft in Verwirrung gestürzt. Er wird fähig, beständig in der Jetztheit zu verweilen.

Mit dem Ausdruck «ursprüngliches Sein» bezeichnen wir hier etwas Un-bedingtes oder durch nichts Verursachtes. Etwas Ursprüngliches ist niemals eine Reaktion auf irgend etwas anderes. Alles Bedingte entspringt dem Unbedingten. Alles Geschaffene entspringt dem Ungeschaffenen. Wenn etwas bedingt ist, dann wurde es geschaffen oder geformt. Wir «formulieren» unsere Ideen oder sprechen davon, daß Wolken «Formationen» bilden. Das Unbedingte ist dagegen nicht geformt, nicht geschaffen. Wir vergleichen es mit einem kosmischen Spiegel, weil es alles reflektiert, Grobes und Feines, und selbst unverändert bleibt. Dieser Bezugsrahmen des kosmischen Spiegels ist allumspannend und völlig unvoreingenommen: Da ist weder Gegnerschaft noch Fürsorge, weder Hoffnung noch Furcht.

Um zurückzuschauen und wieder in den Seinszustand des kosmischen Spiegels einzutreten, brauchen wir uns nur zu entspannen. Entspannung hat hier natürlich nicht, wie in der Sonnenuntergangswelt, mit Herumhängen oder Freizeit oder Amüsement zu tun. Wir meinen mit diesem Ausdruck Entspannung des Geistes, Loslassen von den Ängsten, Vorstellungen und Depressionen, die uns normalerweise in Atem halten. Die Praxis der Meditation ist das Mittel, den Geist zu entspannen oder in der Jetztheit ruhen zu lassen. Im ersten Teil des Buchs haben wir dargestellt, was die Praxis der Meditation mit dem Verzicht auf Kleinmütigkeit und Privatsphäre zu tun hat. In der Meditation bist du weder «für» noch «gegen» deine Erfahrung. Du lobst weder diesen Gedanken, noch verdammst du jenen, sondern nimmst eine unvoreingenommene, neutrale Haltung ein. Du läßt die Dinge ohne jedes Urteil sein, wie sie sind, und lernst auf diese Weise, selbst einfach nur zu *sein*, deinem Dasein direkt und jenseits aller Begriffe Ausdruck zu geben. Das ist der Entspannungszustand, in dem man die Jetztheit des kosmischen Spiegels erfahren kann. Vielmehr: Dieser Zustand *ist* schon die Erfahrung des kosmischen Spiegels.

Wenn du in der Lage bist, dich zu entspannen – dich für eine Wolke öffnen, die du siehst, einen Regentropfen in seiner ganzen Wirklichkeit erfahren –, so kannst du die Unbedingtheit der Wirklichkeit direkt sehen: Sie ist in den Dingen, so wie sie sind, ganz einfach. Wenn du die Dinge anschauen kannst, ohne zu sagen: «Dies ist für mich, das ist gegen mich», oder «Hiermit stimme ich überein, damit nicht», dann erfährst du den Seinszustand des kosmischen Spiegels, die Weisheit des kosmischen Spiegels. Ob du eine Fliege vorbeisummen oder eine Schneeflocke fallen siehst, ob es Wellen im Wasser sind oder eine schwarze Spinne – all das nimmst du einfach wahr, in vollkommener Aufnahmebereitschaft, ohne «Ja» und «Nein».

Ein ungeheures Feld der Wahrnehmung entfaltet sich:

Klänge, Anblicke, Gerüche, Empfindungen in unerschöpflicher Fülle. Das Reich der Wahrnehmung ist grenzenlos, die Wahrnehmung selbst ursprünglich, unbedingt,
unausdenklich. Es gibt Klänge, die du nie gehört, Farben
und Dinge, die du nie gesehen, Gefühle, die du nie
empfunden hast. Wir verstehen unter Wahrnehmung hier
jedoch nicht nur ihren Inhalt, sondern den ganzen Akt des
Wahrnehmens – die Interaktion zwischen dem Bewußtsein, den Sinnesorganen und den Gegenständen der Wahrnehmung. In manchen religiösen Traditionen gelten Sin-
neswahrnehmungen als problematisch, weil sie weltliche
Begierden wecken. In der Shambhala-Tradition, die an
keine Religion gebunden ist, werden Sinneswahrnehmun-
gen dagegen als heilig erachtet, als von Grund auf gut. Sie
sind eine natürliche Anlage und Gabe des Menschen. Sie
sind eine Quelle der Weisheit, denn ohne sie, ohne Sehen,
Hören, Schmecken und so weiter, gibt es keine Kommunikation mit der Welt der Phänomene. Die Wahrnehmung in
ihrem ungeheuren Reichtum gibt uns die Möglichkeit, die
Welt in ihrer ganzen Tiefe, die «Große Welt» zu erfahren.
   Die Sinneswahrnehmung eröffnet uns mit anderen Worten die Möglichkeit einer tieferen Wahrnehmung. Es gibt
Wahrnehmungsbereiche einer höheren Ordnung von
Klang, Empfindung und so weiter, die jedoch nur durch
meditative Praxis erfahrbar werden. Durch diese Praxis
klärt sich alles Wirre und Verschwommene, die Wahrnehmung nimmt eine nie gekannte Präzision, Schärfe und
Tiefe an – die Jetztheit der Welt tritt hervor. Man erfährt
die Präzision des Atems, der ein- und ausströmt. Man fühlt
den Atem, und er ist so gut. Man atmet aus, der Atem
verströmt – so scharf, so gut, so unglaublich anders, daß
die gewohnten Verhaftungen an Vorstellungen und Phänomene ganz in den Hintergrund treten. Die Praxis der
Meditation fördert, wenn dieses Wort erlaubt ist, das

Übernatürliche zutage. Wir bekommen dadurch keine spiritistischen oder telepathischen Fähigkeiten, und doch wird unsere Wahrnehmung über-natürlich, super-natürlich, einfach höchst natürlich.

Normalerweise schränken wir den Sinn der Wahrnehmung ein: etwas Eßbares erinnert uns ans Essen; bei Schmutz denken wir ans Saubermachen; Schnee ruft sofort die Vorstellung wach, daß wir den Wagen freilegen müssen, um zur Arbeit fahren zu können; ein Gesicht erinnert uns an unsere Liebe oder unseren Haß. Was immer wir sehen, pressen wir sofort in eine vertraute Schablone. Zu jedem Ding haben wir eine ein für allemal festgelegte Interpretation und verbannen damit die Möglichkeiten tieferer Wahrnehmung aus unserem Herzen. Es ist aber möglich, persönliche Interpretationen zu überwinden und die Weite der Welt durch das Medium der Wahrnehmung in unser Herz zu lassen. Wir haben stets die Wahl, unsere Wahrnehmung einzuschränken und die Weite auszuschließen oder uns von ihr berühren zu lassen.

Wenn wir die ganze Kraft und Tiefe dieser Weite in einer einzigen Wahrnehmung sammeln, so entdecken und beschwören wir das Magische. Wir sprechen hier allerdings nicht von magischer Macht über die Welt der Phänomene, sondern von der Entdeckung der ursprünglichen, unbedingten Weisheit der Welt, wie sie ist. Die Weisheit, die wir hier entdecken, ist eine Weisheit ohne Anfang, die Weisheit des kosmischen Spiegels. Im Tibetischen wird diese magische Qualität oder natürliche Weisheit *Drala* genannt. *Dra* bedeutet «Feind» oder «Gegner», und *la* bedeutet «oberhalb» oder «über». Drala bedeutet also wörtlich «über dem Feind». Drala ist die unbedingte Weisheit und Macht der Welt, die jenseits aller Dualismen ist; Drala steht über jedem Feind oder Konflikt. Es ist die ungeschaffene Weisheit und Macht des kosmischen Spiegels, die in uns Menschen und in der Wahrnehmungswelt widerscheinen.

Eine der wichtigsten Voraussetzungen für die Entdekkung von Drala ist die Erkenntnis, daß unsere eigene Weisheit nicht verschieden ist von der Weisheit und Macht der Welt. Beide sind Abbild der unbedingten Weisheit des kosmischen Spiegels. Es gibt also keine grundlegende Trennung oder Dualität zwischen uns und unserer Welt. Wenn wir diese beiden Dinge als eins erfahren können, dann stehen uns die ungeheure Weisheit und Macht der Welt offen – wir erkennen, daß sie zutiefst und ursprünglich mit unserem eigenen Sein verbunden sind. Das ist die Entdeckung des Magischen. Und wir sprechen hier nicht von intellektueller Einsicht, sondern von wirklicher Erfahrung, vom uneingeschränkten Wahrnehmen der Wirklichkeit. Die Begegnung mit Drala kann sich in einem intensiven Geruch, einem phantastischen Klang, einer lebhaften Farbe vollziehen. Jede Wahrnehmung kann uns mit der Wirklichkeit in Verbindung bringen. Was wir sehen, muß nicht etwas sonderlich «Schönes» sein; wir können vielmehr alles wertschätzen, was es gibt. Etwas Magisches, Lebendiges ist in allem. In allem ist lebendige Wirklichkeit.

Wenn wir die Dinge sehen, wie sie sind, dann begreifen wir sie wirklich: wie Blätter sich im Wind bewegen, wie Steine naß werden, wenn Schneeflocken auf ihnen schmelzen. Die Dinge entfalten ihre Harmonie und ihr Chaos gleichzeitig vor unseren Augen. Wir sind nicht auf das Schöne allein fixiert, sondern wissen alle Seiten der Wirklichkeit zu schätzen.

In vielen Geschichten und Gedichten für Kinder wird diese Erfahrung der Begegnung mit der Magie einfacher Wahrnehmung beschrieben. Ein Beispiel ist «Warten am Fenster» aus *Now We are Six* von A. A. Milne. Es ist ein

Gedicht über Stunden eines regnerischen Tages, die am Fenster beim Beobachten der Tropfenmuster auf der Scheibe verbracht werden. Beim Lesen sieht man diesen Regentag vor sich, man sieht das Kind an der Scheibe die Regentropfen verfolgen, man fühlt sein Entzücken und Staunen. Auch Robert Louis Stevenson weist in seinen Kindergedichten auf die Tiefen der Erfahrung hin, die sich in ganz gewöhnlicher Wahrnehmung auftun können. Die ursprüngliche Weite der Welt läßt sich nicht in Worte fassen, aber gerade die Literatur für Kinder vermag sie durch ihre Einfachheit manchmal anzu-deuten.

Ein besonders schönes Beispiel für Literatur, die ein Gefühl der gewöhnlichen oder elementaren Magie in uns weckt, ist Antoine de Saint-Exupérys *Der kleine Prinz*. Irgendwann im Lauf der Erzählung trifft der kleine Prinz einen Fuchs. Der kleine Prinz fühlt sich einsam und möchte mit dem Fuchs spielen, doch der Fuchs erwidert, er könne erst spielen, wenn er gezähmt sei. Der kleine Prinz will wissen, was das ist, «zähmen». Zähmen, er-klärt der Fuchs, bedeutet «sich vertraut machen», und zwar so, daß er für den kleinen Prinz und der kleine Prinz für ihn «einzig wird in der Welt». Später, als der Fuchs gezähmt ist und der kleine Prinz ihn wieder verlas-sen muß, gibt der Fuchs ihm sein Geheimnis preis: «Es ist ganz einfach: man sieht nur mit dem Herzen gut. Das Wesentliche ist für die Augen unsichtbar.»

Saint-Exupéry verwendet hier andere Ausdrücke für die Entdeckung des Magischen, doch die Grunderfah-rung ist dieselbe. Die Entdeckung von Drala bedeutet in der Tat, mit der Welt vertraut zu werden, so daß jede Wahrnehmung etwas Einzigartiges wird. Man sieht mit dem Herzen, und was dem Auge verborgen bleibt, wird als lebendige Magie des Wirklichen sichtbar. Es gibt unzählige Wahrnehmungen, und doch sind sie alle eins: In einem Tropfen Wasser sehen wir alles Wasser.

Drala könnte man fast als eine Wesenheit bezeichnen. Es hat nicht den Status einer Gottheit, aber es ist eine sehr reale individuelle Kraft. Deshalb sprechen wir nicht nur vom Drala-Prinzip, sondern können auch den verschiedenen Dralas begegnen. Die Dralas sind die Elemente der Wirklichkeit – das Wäßrige des Wassers, das Feurige des Feuers, das Erdige der Erde –, alles, was uns mit der elementaren Qualität der Wirklichkeit verbindet und uns auf die Tiefen der Wahrnehmung hinweist. Dralas sind in allem, in Steinen, Bäumen und Bergen, in einer Schneeflocke oder einem Erdklumpen. Wo immer wir mit der elementaren Qualität der Welt in Berührung kommen, begegnen wir den Dralas, und diese Erfahrung und Lebensweise ist allen Menschen zugänglich. Wir haben jederzeit die Möglichkeit, das Magische zu entdecken; die Möglichkeit der Magie gab es nicht nur im Mittelalter, es gibt sie auch heute im zwanzigsten Jahrhundert.

Als ein Beispiel für die Begegnung mit Drala, das aus meinem eigenen Erfahrungsbereich stammt, möchte ich das Blumenstecken anführen. Hier kann man alle Zweige verwenden, die man findet, und keiner wird als häßlich verworfen. Man muß lernen, ihren Platz in der Gesamtsituation zu sehen, das ist der Schlüssel. Um aber den Platz zu sehen, den jedes Ding im Ganzen hat, darf man keins von ihnen ablehnen. Nur so kommt man in Kontakt mit den Dralas der Wirklichkeit.

Drala-Energie ist wie die Sonne. Du schaust in den Himmel, die Sonne ist da. Du erzeugst sie nicht durch dein Hinschauen. Du entdeckst also die Sonne am Himmel und nimmst Kontakt mit ihr auf. Deine Augen treten in eine Beziehung mit dem Sonnenlicht ein. Auch das Drala-Prinzip ist immer da. Ob du die Verbindung aufnimmst oder nicht, die magische Kraft und die Weisheit der Wirklichkeit sind immer da. Diese Weisheit wohnt dem kosmischen Spiegel inne. Indem du den Geist entspannst, verbindest du dich wieder mit diesem Urgrund, der vollständig rein und einfach ist. Unter dieser Voraussetzung kannst du durch das Medium deiner Wahrnehmung das Magische entdecken. Dabei verknüpfst du deine eigene innere Weisheit mit der weit größeren, allumfassenden Weisheit des Wirklichen.

Du denkst vielleicht, daß dir etwas Außergewöhnliches widerfahren wird, wenn du das Magische entdeckst. In der Tat begegnest du dabei etwas außerordentlich Gewöhnlichem: Du findest dich im Reich totaler, unbedingter Wirklichkeit.

13. Die Beschwörung des Magischen

Wenn der Krieger in seiner Umgebung Sanftheit und Klarheit zum
Ausdruck bringt, dann können Glanz und magische Kraft sich
einstellen. Versucht man deren Vorhandensein aber mit den Kräften
des Ego herbeizuführen, so werden sie ausbleiben. Wir können die
Kraft und die Magie dieser Welt nie besitzen. Sie sind zwar stets und
überall zugänglich, aber sie gehören niemandem.

Die Welt der Phänomene, die alle Menschen erfahren, ist
unstet und gnadenlos. Man hat oft Grund, sich zu fragen, ob
man die Lage noch im Griff hat oder sich in ihrem Griff
befindet. Und je mehr man sich darum müht, die Oberhand
zu gewinnen, je hitziger man gegen Hindernisse anrennt,
desto tiefer gerät man in den Griff dieser Welt der Phänomene. Die eigentliche Herausforderung besteht darin,
diese Dualität ganz und gar zu transzendieren. Es gibt die
Möglichkeit, mit einer Energie in Verbindung zu treten, die
über allen Dualismen und Konflikten steht, die weder für
noch gegen dich ist. Das ist die Energie von Drala.

Drala ist kein Gott oder Geist. Es besteht im Grunde in
der Verbindung der Weisheit deines Seins mit der Kraft und
Weisheit des Wirklichen. Wenn diese Verbindung hergestellt ist, kannst du das Magische in allen Dingen entdek-
ken. Wenden wir uns also der Frage zu, wodurch es uns
möglich wird, diese Verbindung herzustellen. Wir haben
Drala mit der Sonne verglichen: Die Sonne steht von sich
aus täglich am Himmel; was also läßt uns aufblicken, um zu
sehen, daß sie dort ist? Das Magische ist jederzeit zugänglich; was erlaubt uns, es zu entdecken? Drala ist die
Energie jenseits aller Konflikte, jenseits von Aggressio-

nen. Wir können mit ihr nur in Berührung kommen, wenn
wir uns selbst in einem sanften Seinszustand befinden. Die
Entdeckung von Drala ist demnach kein Zufall, sondern
hat die Schulung und Disziplin des Shambhala-Kriegers
zur Voraussetzung.

In der Sonnenuntergangswelt hat der Mensch – getrie-
ben von Angst vor sich selbst und von Todesfurcht – keinen
Zugang zum Drala-Prinzip. Die Feigheit und Aggressivi-
tät, die in dieser Welt vorherrschen, verwehren jeden
Zugang zum Magischen, zur Erfahrung der strahlenden,
wahren Wirklichkeit. Nur durch die Verwirklichung der
Vision der Großen Östlichen Sonne kann es gelingen,
Drala wachzurufen. Die Große Östliche Sonne ist der
Ausdruck des wahren menschlichen Gutseins, der weder
hochmütig noch gewalttätig, sondern sanft und offen ist.
Dies ist der Weg des Kriegers.

Auf diesem Weg kommt es darauf an, die Feigheit zu
überwinden und unerschrocken zu werden. Das ist die
beste, sogar die einzige Methode, Drala wachzurufen. Wir
haben bereits in früheren Kapiteln über den Mut gesprochen. Sein wichtigster Aspekt besteht darin, frei von
Täuschungen zu sein. Täuschung bedeutet in diesem Fall
Selbsttäuschung: Durch Selbstzweifel verwehrt man es
sich, die Große Östliche Sonne zu schauen. Die Dralas
können erst in unser Dasein treten, wenn wir den Boden
richtig bereitet haben. Die kleinste Selbsttäuschung ver-
treibt die Dralas. Täuschung ist sozusagen die Magie der
Sonnenuntergangswelt.

Wenn wir sagen, daß jemand mutig ist, meinen wir
normalerweise, daß er keine Angst vor Feinden hat, bereit
ist, für eine Sache zu sterben, oder sich niemals einschüch-
tern läßt. Das Shambhala-Verständnis von Unerschrok-
kenheit ist ganz anders. Hier ist Mut einfach der Mut zu
sein – ohne Täuschung, aber mit unerschöpflicher Freund-

lichkeit und Hilfsbereitschaft gegenüber anderen in dieser
Welt zu leben. Auf welche Weise kann das Magie in unser
Leben bringen? Unter Magie versteht man meist die
Fähigkeit, die Elemente zu unterwerfen, so daß man Erde
in Feuer und Feuer in Wasser verwandeln oder gar die
Gesetze der Schwerkraft überwinden und fliegen kann.
Die wahre Magie ist jedoch die Magie der Wirklichkeit,
wie sie ist: der Erdigkeit der Erde, der Feurigkeit des
Feuers – eine Kommunikation mit den Elementen, durch
die sie in gewisser Weise eins mit uns werden. Wenn du
Unerschrockenheit entwickelst, kannst du mit der elementaren Qualität des Seins in Verbindung treten. Mut erhöht
dein ganzes Dasein, er fördert die wahren, strahlenden
Eigenschaften deiner Umgebung und deines eigenen Seins
zutage und bringt dich in Berührung mit der Magie des
Wirklichen, die immer schon da ist. Es ist tatsächlich
möglich, die Kraft der uranfänglichen Weisheit des kosmischen Spiegels anzuziehen.

Wir beginnen nun zu begreifen, wie wir unser Leben so
einrichten können, daß sich das Drala-Prinzip in allem,
was wir tun, widerspiegelt. Man kann Drala, das Magische, tatsächlich wie ein Magnet anziehen, so daß es Glanz
und Würde in unser Leben bringt. Der Weg dorthin hat
drei Abschnitte; wir bezeichnen sie als die drei Arten der
Beschwörung des Magischen.

Der erste Schritt besteht in der Beschwörung des äußer-
lichen Drala, der Magie der physischen Umwelt. Diese
unmittelbare Umwelt kann eng sein wie ein Einzimmer-
Apartment oder groß wie ein ganzes Haus oder Hotel.
Wichtig ist allein, wie man mit diesem Lebensraum um-
geht. Lassen wir ihn verkommen, so wird sich hier Drala
nicht manifestieren. Andererseits geht es hier natürlich
auch nicht darum, eine innenarchitektonisch vorbildliche
Wohnlandschaft zu schaffen. Ein Krieger beschwört das

äußerliche Drala, indem er Harmonie in seiner Umgebung
schafft und damit sein Gewahrsein und den Blick für das
Detail schärft. So stellt der unmittelbare Lebensraum
einen Ort der Schulung für seine Disziplin dar. Ein Krieger
widmet sich dem Wohl anderer Menschen, doch um das
tun zu können, muß er sie an seiner Welt teilhaben lassen
und diese einladend und gastlich machen für die Menschen. Es geht also nicht um eine eitle Selbstdarstellung
gegenüber anderen, sondern darum, die eigene Welt zugänglich zu machen. Wenn das geschieht, wenn der Krieger in seiner Umgebung Sanftheit und Klarheit zum Ausdruck bringt, dann können Glanz und magische Kraft sich
einstellen. Versucht man deren Vorhandensein aber mit
den Kräften des Ego herbeizuführen, so werden sie ausbleiben. Wir können die Kraft und die Magie dieser Welt
nie besitzen. Sie sind zwar stets und überall zugänglich,
aber sie gehören niemandem.

Es gibt viele Möglichkeiten, äußeres Drala wachzurufen. So las ich etwa von den Indianern im Südwesten der
Vereinigten Staaten, daß sie ihr Gemüse im Wüstensand
anbauen. Vom wissenschaftlichen Standpunkt aus betrachtet, ist diese Erde eigentlich völlig unfruchtbar. Wenn
man da einfach nur Samen ausstreut, wächst überhaupt
nichts. Doch die Indianer bearbeiten und pflegen diese
Erde seit Generationen und haben eine tiefe Verbindung
zu ihr. Für sie ist dieses Land heiliger Grund, und deshalb
wachsen ihre Pflanzen. Das ist wirkliche Magie. Wer seine
Umwelt als heilig betrachtet, der zieht Drala an. Man mag
in einer Lehmhütte mit gestampftem Boden und nur einem
Fenster leben – wenn man diesen Ort als heilig betrachtet,
wenn man ihn mit Herz und Geist pflegt und in Ordnung
hält, dann ist er ein Palast.

Diese Heiligkeit ist auch das, was einer Kathedrale wie
der von Chartres oder einem Regierungssitz wie dem

britischen House of Parliament Größe verleiht. Kirchen
werden als heilige Orte errichtet, während die Erbauer
eines Regierungsgebäudes wohl kaum dessen Heiligkeit
vor Augen haben. Dennoch strahlen solche Gebäude
etwas aus, das man nicht allein mit der Schönheit der
Architektur oder der Baumaterialien erklären kann. In
ihnen herrscht eine besondere Atmosphäre, die man einfach spürt.

Die Griechen und Römer planten ihre Städte mit einem
gewissen Verständnis für äußeres Drala. Man mag es für
willkürlich halten, einen Brunnen in der Mitte eines Platzes oder an einer Kreuzung zu errichten. Doch wenn man
sich solch einem Brunnen nähert, spürt man, daß er genau
am richtigen Platz ist und den ganzen Ort bereichert. Wir
haben heute keine sehr hohe Meinung mehr von den
Römern mit all ihren Ausschweifungen und korrupten
Herrschern. Gewiß, solche Verfallserscheinungen vertrei-
ben Drala, doch es muß in dieser Zivilisation auch Kraft
und Weisheit gegeben haben, daran können wir nicht
vorbeisehen.

Fassen wir zusammen: Wenn wir äußeres Drala beschwören wollen, müssen wir unsere persönliche Umwelt
so anlegen, daß sie ein heiliger Bereich wird. Das beginnt
mit dem häuslichen Lebensbereich, kann aber auch viel
mehr einbeziehen, sogar eine ganze Stadt oder ein Land.

Im nächsten Schritt geht es darum, *inneres Drala*, das
Drala des Körpers, wachzurufen. Die Erfahrung des inneren Drala besteht in einem Gefühl der Einheit im eigenen
Körper – in dem Sinne, daß dein Kopf, deine Schultern,
deine Arme, dein Rumpf, deine Genitalien, deine Beine,
deine Füße als *ein* grundlegend guter menschlicher Körper
zusammenhängen. Es gibt keine Unstimmigkeiten zwischen Kopf und Schultern, zwischen Bein und Zehen und
so weiter. Es spielt keine Rolle, ob dein Haar grau wird, ob

sich im Gesicht Falten bilden oder die Hände zittrig werden. Trotz alldem bleibt das Gefühl, daß dieser Körper seine eigene Tauglichkeit und Einheit hat. Wenn du schaust, hörst du; wenn du hörst, riechst du; wenn du riechst, schmeckst du; wenn du schmeckst, fühlst du. Alle Sinneseindrücke bilden eine Einheit, sind Ausdruck ein und desselben grundlegenden Gutseins und fundamentaler Gesundheit.

Inneres Drala stellt sich ein, wenn wir uns voller Aufmerksamkeit den täglichen persönlichen Verrichtungen widmen. Es kommt also darauf an, wie wir uns anziehen, wie wir essen, trinken und schlafen. Nehmen wir als Beispiel unsere Kleidung. Für den Krieger ist die Kleidung eine Rüstung der Disziplin, die ihn gegen Angriffe der Sonnenuntergangswelt schützt. Er versteckt sich nicht hinter seiner Kleidung, sondern kleidet sich sorgfältig, weil es ihn vor Nachlässigkeit bewahrt und seine Würde unterstreicht.

Auch wenn die Kleidung gut sitzt, hat man manchmal das Gefühl, daß sie einen beengt. Wer jedoch inneres Drala wachrufen will, wird mit lässiger Kleidung nicht weit kommen. Die Irritationen, die von einer Krawatte oder einem eng anliegenden Rock ausgehen können, sind normalerweise ein gutes Zeichen. Sie zeigen, daß deine Kleidung gut paßt, aber deine Neurose nicht in deine Kleidung paßt. Heutzutage ist Freizeitkleidung sehr gefragt, frei und lässig muß sie sein und möglichst aus Kunststoff. Wenn man sich dagegen «in Schale wirft», fühlt man sich wie eingeschnürt. Man möchte am liebsten Krawatte, Jackett und Schuhe ausziehen. Dann kann man endlich die Füße auf den Tisch legen und wieder frei atmen – in der Hoffnung, sich dann auch innerlich freier zu fühlen. Statt dessen wird der Geist aber einfach nur undicht, und allerlei wertloses Zeug sickert heraus. Diese

Version von Entspannung bringt überhaupt keine wirkliche Freiheit. Deshalb ist gutsitzende Kleidung für den
Krieger eine Art Rüstung, in der er sich ohne Nachlässigkeit, sondern mit Würde und Anmut in der Welt bewegt.

Dieselbe Aufmerksamkeit müssen wir auch unserer
Ernährungsweise widmen. Das heißt natürlich nicht, daß
man in Feinkostläden nach ausgefallenen Genüssen suchen soll. Aber man kann sich die Zeit nehmen, gute,
nahrhafte Mahlzeiten zu planen, man kann sie mit Freude
zubereiten und essen und danach in der gleichen Haltung
die Reste verwahren und wieder Ordnung schaffen. Darüber hinaus ist es wichtig, grundsätzlich mehr Gewahrsein
in Bezug auf den Gebrauch unseres Mundes zu entwickeln.
Wir essen mit dem Mund, wir trinken mit dem Mund, wir
rauchen mit dem Mund. Unser Mund ist wie ein Müll-
schlucker, aber er ist auch unser wichtigstes Tor zur
Außenwelt: Wir sprechen mit ihm, wir weinen mit ihm, wir
küssen mit ihm. Ein Marsmensch würde sich vielleicht
wundern, wie häufig wir unseren Mund gebrauchen.

Um das innere Drala wachzurufen, müssen wir darauf
achten, wie wir unseren Mund benutzen. Vielleicht muß
man ihn gar nicht so oft benutzen. Wertschätzung für die
Welt heißt ja nicht, daß man alles, was man sieht, gleich
konsumieren muß. Man kann langsam, maßvoll und mit
Bewußtheit essen. Man muß nicht alles, was einem so
durch den Sinn geht, immer gleich herausplappern. Man
sagt sanft, was man zu sagen hat, und dann schweigt man,
läßt einen anderen sprechen oder genießt das Schweigen.

Der Grundgedanke ist bei alledem, den Körper in sich,
aber auch mit der Umwelt in Einklang zu bringen. Wie es
um diese Harmonie steht, kann man direkt am Verhalten
der Menschen ablesen: wie sie ihre Teetasse anfassen, wie
sie ihre Zigaretten rauchen, wie sie sich mit der Hand
durchs Haar fahren. Was du auch tust, stets spiegelt sich

darin dein Verhältnis zu dir selbst oder zu deiner Umwelt –
ob du mit dir selbst im Einklang bist oder haderst, ob du
deiner Umwelt gute oder schlechte Gefühle entgegen-
bringst, läßt sich jederzeit an deinem Schritt und deinen
Gesten ablesen. Es ist, als wärst du mit deiner Welt
verheiratet. In allen Kleinigkeiten – wie du einen Wasser-
hahn aufdrehst oder dir die Zähne putzt – offenbart sich
deine Beziehung (oder Beziehungslosigkeit) zur Welt.
Wenn diese Beziehung ganz und rund geworden ist, erfährst du das innere Drala.

Zuletzt geht es darum, das *geheime Drala* wachzurufen,
und dafür sind die beiden anderen Arten von Drala Vor-
bedingung. Du hast dir eine heilige Umwelt geschaffen
und deinen Körper vollkommen mit sich selbst in Einklang
gebracht; dadurch lebst du jetzt in unerschütterlicher
geistiger Wachheit, in ungebrochener Jetztheit.

In dem Kapitel über das «Loslassen» haben wir über
Windpferd gesprochen, über das Reiten auf dem grundlegenden Gutsein deines Lebens. «Windpferd» ist, wie
erwähnt, die wörtliche Übersetzung des tibetischen *Lungta*. Die Erfahrung des geheimen Drala ist die Erfahrung
von Windpferd: Wir entfesseln den Wind der Freude und
der Macht und reiten auf dieser Energie, beherrschen sie.
Dieser Wind kann mit großer Gewalt kommen, wie ein
Orkan, der Bäume entwurzelt, Häuser einstürzen läßt und
das Meer zu riesigen Wellen aufwühlt. Die persönliche
Erfahrung von diesem Wind ist das Gefühl, vollkommen
und kraftvoll in der Gegenwart zu sein. Der zweite Teil des
Wortes – Pferd – bedeutet, daß man mitten in diesem
gewaltigen Wind Stabilität empfindet. Die Wirrnis des
Lebens kann dir nichts anhaben, Hochstimmung oder
Niedergeschlagenheit lenken dich nicht ab. Du reitest auf
der Energie deines Lebens. Windpferd ist also nicht bloß
Bewegung und Schnelligkeit, sondern auch Urteilskraft

und Können, ein Gespür für die angemessene Methode.
Dieser Aspekt von Lungta ist wie die Beine eines Pferdes,
die ihm Stabilität verleihen.

Wenn du äußeres und inneres Drala wachgerufen hast,
erhebt sich ein Wind der Energie und der Freude in deinem
Leben. Du spürst, wie sich eine natürliche Kraft und ein
Getragensein in deinem Leben zu manifestieren beginnen.
Was immer dir in diesem Geisteszustand begegnet, es
bringt dich nicht in Verlegenheit. Es gibt keine Probleme,
keine Bedenken, kein Zögern mehr. Dein Geist ist frei von
halbbewußtem Geplapper und kennt keinen Zweifel
mehr. Er ist in jedem Augenblick frisch und jung, vollkommen unschuldig und unverfälscht. Geheimes Drala ist die
Erfahrung dieses Augenblicks, reine Jetztheit. Du bist
jetzt in der Lage, jederzeit und augenblicklich mit der
unvorstellbaren Kraft und Weisheit des kosmischen Spiegels in Berührung zu kommen. Zugleich erkennst du, daß
die Erfahrung der Jetztheit auch die allumfassende ursprüngliche Weisheit mit der überlieferten Weisheit und
der Wirklichkeit des heutigen Lebens vereinigen kann. Du
beginnst zu verstehen, wie die heilige Welt des Kriegers
sich aus all ihren Aspekten aufbaut. Diese Welt wollen wir
nun in den folgenden Kapiteln eingehender betrachten.

14. Überwindung des Hochmuts

Wenn du durch und durch sanft und freundlich bist, ohne Hochmut und Aggression, siehst du den strahlenden Glanz des Universums. Erst jetzt nimmst du das Universum wirklich wahr.

Nachdem wir beschrieben haben, wie man Drala wachruft, müssen wir uns nun mit der Frage beschäftigen, welche Schwierigkeiten und Hindernisse sich uns dabei in den Weg stellen. Eine sehr wichtige Voraussetzung besteht, wie wir gesehen haben, darin, ein Fundament von Sanftheit und Echtheit zu legen. Dem steht als erstes und größtes Hindernis der Hochmut entgegen. Hochmut oder Überheblichkeit entsteht aus dem Festhalten an der Trennung zwischen dem Ich und dem Anderen. Man kann die Prinzipien der Kriegerschaft und die Weltsicht der Großen Östlichen Sonne studieren, man kann in vielen Unterweisungen erfahren haben, wie man in der Jetztheit ruht und Windpferd entfesselt, doch wenn man all das als persönliche Errungenschaft betrachtet, unterliegt man einer Selbsttäuschung. Anstatt sanft und zahm zu werden, wird man nur ungeheuer eingebildet. «Ich, Hans Müller, kann das Windpferd entfesseln, und das finde ich großartig. Allmählich erreiche ich etwas, also bin ich ein toller Kerl.»

Sanft und ohne Hochmut zu sein, das ist die Definition des Shambhala-Kriegers. Und damit ist nicht etwa bloß Wohlerzogenheit gemeint, sondern vor allem Rücksicht: ständiges Engagement für das Wohl anderer. Ein Shambhala-Krieger, sei er ein Mann oder eine Frau, ist ein freundlicher und aufrichtiger Mensch. Er ist freundlich zu sich selbst und zu anderen. Die Rücksicht auf andere ist der ursprüngliche Sinn der Umgangsformen, die man uns beibringt, und der Disziplin, der wir uns unterwerfen müssen. Wer sich auf seine guten Tischmanieren und seine tadellosen Umgangsformen etwas einbildet, verfehlt deren Sinn. Der besteht nämlich einfach darin, daß schlechte Tischmanieren unsere Nachbarn stören oder gar verärgern würden. Wenn wir achtlos mit den Dingen umgehen, schaffen wir damit für andere Probleme.

Gute Manieren sind nicht dazu da, unser Ego aufzublähen, damit wir uns als kleine Prinzen und Prinzessinnen betrachten können. Sie erlauben uns, anderen unsere Achtung zu bekunden. Allein deshalb sollten wir uns Gedanken über unser Benehmen machen. Wenn jemand das Zimmer betritt, sollten wir aufstehen und ihn begrüßen, auch das ist eine Form der Rücksichtnahme. Ein Krieger erzieht sich selbst, denn der Umgang mit anderen erfordert Selbstbeherrschung. Disziplin ist notwendig, wenn wir dem Hochmut entgehen wollen.

Wir neigen zu der Ansicht, die Bedrohungen der Gesellschaft oder unserer selbst kämen von außen. Tatsächlich geht eine Gesellschaft jedoch von innen her zugrunde und nicht durch die Einwirkung von Feinden. Alle Welt ist von dem Wahn verfolgt, von mörderischen Feinden umgeben zu sein. Aber das einzige, was uns wirklich zerstören kann, ist in uns selbst. Mit unserem Hochmut zerstören wir unsere Sanftheit und Freundlichkeit. Dadurch berauben wir uns selbst der Möglichkeit, wach zu sein, und dann sind wir nicht mehr in der Lage, uns angemessen auf die wechselnden Lebensumstände einzustellen. Statt dessen bilden sich eine ständige Abwehrhaltung und Aggressivität.

Aggression entweiht alles, den Boden, auf dem du sitzt, die Wände, die dich umgeben, die Decke, die Fenster, die Türen. Man kann die Dralas nicht mehr herbeirufen, es gibt keinen Platz mehr für sie. Die Atmosphäre im Zimmer wird dick und schwer wie in einer Opiumhöhle, und die Dralas sagen: «O je, wer will denn da noch rein? Wer lädt uns da ein? Wer beschwört uns da in seinem Selbstbetrug?» Sie denken nicht daran zu kommen. Wenn dein Zimmer voll ist von dir und deinem «Trip», wird sich kein vernünftiger Mensch gern da aufhalten – nicht mal du selbst.

In einer stickigen Umgebung voller eingebildeter, egozentrischer Menschen lassen sich die Dralas nicht blicken. Aber was geschieht, wenn ein Krieger den Raum betritt – offen und bescheiden, frei von Hochmut und Aggression. Wenn solch ein Mensch in dieser von Hochmut verseuchten Umgebung auftaucht, werden sich die anderen vermutlich recht bald unbehaglich fühlen. Irgendwie macht das Ganze keinen rechten Spaß mehr, wenn plötzlich einer da ist, der den Selbstbetrug nicht mitmacht. Die Sonnenuntergangswitze ziehen nicht mehr, und man kann sich nicht mehr unbeschwert herumfläzen – also geht man lieber. Der Krieger bleibt allein zurück.

Aber nach einer Weile kommen vielleicht andere Menschen herein, die eine durchlüftete, frische Atmosphäre lieben. Langsam kommen sie zusammen, freundliche Menschen, deren Lächeln ohne Hochmut und Aggression ist. Hier herrscht eine andere Atmosphäre als bei der Sonnenuntergangsversammlung. Es mag etwas rauher zugehen als in der Opiumhöhle, aber die Luft ist frisch und voll echter Fröhlichkeit. Durchaus möglich, daß jetzt die Dralas anfangen, durch Fenster und Türen hereinzuspähen. Ihr Interesse ist geweckt, und schließlich kommen sie nacheinander herein. Sie lassen sich gern bewirten, und sie entspannen sich in dieser sauberen, frischen Atmosphäre. Dann schließen sie sich der Runde an und bringen ihre größere Weisheit ein.

In seiner Welt, wo die Dralas sind, wo die Wirklichkeit gegenwärtig ist, wo die Möglichkeit einer weisen und gesunden Lebensführung stets gegeben ist, kann der Krieger sich allem vorbehaltlos öffnen: den Bergen und Wolken, dem Himmel und der Sonne, den Blumen und Bächen, dem Lachen und Weinen der Kinder. Darauf kommt es bei der Weckung von Drala vor allem an: die Wirklichkeit ganz anzunehmen und zu würdigen. Hochmütige Menschen sehen von alledem nichts; sie sind so sehr mit sich selbst und ihrem Konkurrenzkampf gegen andere beschäftigt, daß sie nicht einmal aufblicken.

Wenn du durch und durch sanft und freundlich bist, ohne Hochmut und Aggression, siehst du den strahlenden Glanz des Universums. Erst jetzt nimmst du das Universum wirklich wahr. Du nimmst den Anblick grüner, schlanker Grashalme in dich auf und bestaunst einen kupfern schimmernden Grashüpfer mit schwarzen Fühlern. Wenn du dich ihm näherst, springt er fort. Solche kleinen Dinge sind durchaus nicht belanglos oder langweilig, sondern Entdeckungen. Als ich vor ein paar Jahren in Texas war, sah ich Tausende von Grashüpfern. Jeder hatte seine Eigenart, und ihre Streifenzeichnung hatte die verschiedensten Farben. Ich habe zwar keine purpurroten gesehen, aber dafür kupferne, grüne, beige und schwarze, und manche hatten rote Punkte. Wo man auch ist, wo man auch hinschaut, die Welt ist überaus interessant.

Alles in dieser Welt ist erlebenswert. Heute schneit es vielleicht. Schnee liegt auf den Tannen, und wir schauen zu, wie die stahlblauen Bergmassive mit ihren Gipfeln die letzten Sonnenstrahlen einfangen. Wir spüren das Drala-Prinzip, den Zauber in diesen Dingen, und wir sollten die

Gelegenheit ergreifen, uns dem *jetzt* zu öffnen. So von den Dingen fasziniert zu sein, frei von Hochmut, ist die Voraussetzung für das Wachrufen von Drala. Unsere Welt ist so voller Leben und Schönheit – wir sollten ihr dankbar und hellwach begegnen.

15. Das Überwinden von Gewohnheiten

Sich selbst von Hochmut und Gewohnheiten zu befreien, ist eine sehr drastische, aber unumgängliche Maßnahme, wenn man fähig werden soll, anderen zu helfen.

Hochmut entsteht, wie wir gesehen haben, aus einem Mangel an Sanftheit und Freundlichkeit. Aber dieser Mangel an Sanftheit hat wiederum einen noch tieferen Grund, nämlich unser Festhalten an gewohnten Verhaltensmustern. Durch dieses Festhalten schneiden wir uns selbst den Zugang zur Welt des Kriegers ab. Gewohnheitsmuster funktionieren nach Art der Reflexe: Werden wir erschreckt, so geraten wir in Panik; werden wir angegriffen, so gehen wir in die Defensive. Wir kennen jedoch auch subtilere Gewohnheitsmuster, hinter denen wir unsere Eingenommenheit von uns selbst verstecken. Mit allerlei leeren Gesten und automatisch gewordenen Reaktionen kaschieren wir notdürftig unser Minderwertigkeitsgefühl, um wenigstens vor anderen eine einigermaßen gute Figur zu machen. Auch an unseren emotionalen Reaktionen ist oft abzulesen, daß hier Gewohnheitsmuster am Werk sind, und Gewohnheitsmuster sind auch verantwortlich für geistige Ermüdung, Ruhelosigkeit, Verärgerung über Dinge, durch die wir uns gestört fühlen, und für viele unserer Wünsche und Begierden.

Die Japaner haben einen interessanten Ausdruck, *Toranoko*, der wörtlich «Tigerjunges» bedeutet. Es ist ein

pejorativer Ausdruck. Wenn man jemanden einen Toranoko nennt, so sagt man damit, daß er ein Papiertiger ist,
der zwar als sehr mutig erscheinen möchte, tatsächlich
aber ein Feigling ist. Damit ist beschrieben, was wir mit
dem Festhalten an Gewohnheitsmustern meinen. Man
mag sogar schwächliche Versuche unternehmen, seine
eigene Feigheit einzugestehen. Das geht meist sehr wort-
reich vonstatten und wird selten ein direktes, offenes
Eingeständnis. Man sieht immer noch das Tigerlein am
Werk, das vor seinem eigenen Schatten Angst hat und sich
nicht traut, einfach loszuspringen und mit den anderen
kleinen Tigern zu spielen.

Das tibetische Wort für «Tier» ist *Tudro. Tu* bedeutet
«gebeugt», und *dro* heißt «gehen». *Tudro* sind vierbeinige
Tiere, die vornübergebeugt gehen. Ihr empfindlichstes
Sinnesorgan ist die Nase, von der sie sich auf ihrem Weg
durch die Welt führen lassen. Das ist die präzise Beschreibung des Gewohnheitsverhaltens, das eine Manifestation
von tierischen Instinkten ist. Gewohnheitsmuster führen
dazu, daß man nie mehr als drei Schritte vorausschaut.
Man schaut auf den Boden, hebt den Blick nicht zum
Himmel oder zu den Berggipfeln. Man versäumt es zu
lächeln und sich über den Dunst zu freuen, der sich von den
Gletscherfeldern erhebt. Alles, was oberhalb der Schulter-
ebene liegt, ist irgendwie unangenehm. Die Möglichkeiten
von Kopf und Schultern liegen vollkommen brach.

Du magst vielleicht gehört haben, wie man Kopf und
Schultern erfahren kann und wie man sich aufrichtet, um
die Große Östliche Sonne zu sehen. Dennoch: Wenn du
deine Gewohnheiten nicht überwindest, kannst du ein
Tudro bleiben, das vornübergebeugt auf allen vieren geht.
Diesen Gewohnheiten verhaftet, schaust du weder rechts
noch links, siehst das Strahlen der Farben nicht und kannst
dich nicht dem sanften Wind öffnen, der durch das Fenster

hereinkommt. Frische Luft ist dir dann eher ein Ärgernis, und du möchtest das Fenster am liebsten zumachen.

Wenn ein Tudro-Mensch, der ganz in seinen Gewohnheiten gefangen ist, einen Krieger betrachtet, kann er den Eindruck gewinnen, daß der Krieger ein sehr ermüdendes Leben hat. Wie um alles in der Welt hält er sich so aufrecht und wach? So einem gebeugten Tudro-Menschen ohne Kopf und Schultern tut der Krieger wahrscheinlich leid, weil er auf zwei Beinen stehen und Kopf und Schultern gerade halten muß. Aus der Fülle dieses Mitgefühls wird er dem Krieger womöglich einen Sessel schenken, damit er es auch mal gut hat und glücklich ist. Dann kann er endlich mal Kopf und Schultern anlehnen, sich nach Herzenslust hinlümmeln und die Füße auf den Tisch legen.

Aber der Krieger hat es nicht nötig, auf diese Art abzuschalten. Wer sich zu entspannen versucht, indem er sich hinflegelt und seinen Gewohnheitsmustern nachgibt, erzeugt in sich selbst eine tiefe Spaltung. Im Büro ist er so ein netter, humorvoller Chef, aber sobald er nach Hause kommt, vergißt er das alles und läßt sich gehen. Er schaltet den Fernseher ein, schlägt seine Frau und schickt die Kinder in ihre Zimmer, um endlich Ruhe und Frieden zu haben. Was mag das wohl für eine Ruhe und ein Frieden sein, die er da sucht? Sucht er nicht eher Schmerz, ein Leben, das die Hölle ist? Man kann nicht im Büro ein Krieger und zu Hause ein Tudro sein.

Sich selbst von Hochmut und Gewohnheiten zu befreien, ist eine sehr drastische, aber unumgängliche Maßnahme, wenn man fähig werden soll, anderen zu helfen. Du solltest dich selbst achten und aufrichten. Du solltest dich als aufrichtigen, echten Krieger betrachten. Der frühere Generalsekretär der Vereinten Nationen, U Thant, hat uns gezeigt, was ein Krieger ist und wie man anderen ohne Hochmut helfen kann. Er war ein hochgebildeter Mann und war tief in die Praxis der Meditation eingedrungen. Er versah sein Amt mit Würde, und er war ein sehr sanfter und gütiger Mensch. Deshalb achteten die Menschen ihn – sie spürten seine Kraft. Er war einer der großen Staatsmänner dieses Jahrhunderts und zeigte uns beispielhaft, wie man Gewohnheitsmuster überwindet.

Gewohnheiten sind gefährlich und destruktiv. Sie machen uns blind für die Große Östliche Sonne. Wo solche Gewohnheiten ständig im Spiel sind, kann man Kopf und Schultern überhaupt nicht erheben. Man ist ganz da unten, den Blick am Boden, und sucht dies oder das. Man ist so von den Fliegen auf der Kaffeetasse in Anspruch genommen, daß man gar nicht die große Sonne aufgehen sieht. Aufgerichtetes und offenes Schauen – vergessen; das direkte Sehen der Großen Östlichen Sonne – vergessen. Welch ein Niedergang in den Bereich des Untermenschlichen oder sogar Untertierischen! Man ist nicht mehr bereit, unmittelbare Freude an sich heranzulassen. Man ist nicht mehr bereit, den kleinsten Schmerz, die kleinste Unbequemlichkeit auf sich zu nehmen, um die Große Östliche Sonne zu sehen.

Als du sehr klein warst, drei Jahre alt, da warst du noch nicht so versessen darauf, der Wirklichkeit zu entkommen – sie war viel zu interessant. Ständig hast du deinen Eltern Fragen gestellt: «Warum ist das so, Mama? Warum ist das so, Papa? Warum machen wir jetzt dies? Warum machen wir nicht das?» Doch dieser unschuldige Wissensdurst ist längst vergessen, verloren. Wir müssen ihn wieder in uns entstehen lassen. Einst waren wir unstillbarer Wissensdurst, dann fühlten wir uns von unserer Welt mißhandelt und spannen uns in den Kokon des Tudro ein, um dort zu schlafen.

Sich selbst zu strecken und aufzurichten, ist äußerst wichtig, auch wenn man davon gelegentlich Rücken- oder

Nackenschmerzen bekommt. Wir reden hier nämlich nicht über eine Philosophie, sondern haben uns zu fragen, wie wir den Weg von hier bis zur nächsten Ecke ohne Ablenkung und Unterhaltung schaffen können. Die unaufhörliche Suche nach unmittelbarer Ablenkung ist das große Problem. «Was kann ich als nächstes tun? Wie kann ich mir die Langeweile vom Hals halten? Ich will diese strahlende Welt überhaupt nicht sehen.» Während wir so, den Blick gesenkt, einen Fuß vor den anderen setzen, denken wir: «Läßt es sich denn nicht irgendwie vermeiden, den direkten Weg zu gehen?» Unser Weg stellt hohe Anforderungen, aber es gibt keinen anderen.

Wenn wir von unseren Gewohnheitsmustern loslassen, können wir die wirkliche Welt hier und jetzt erfahren und würdigen. Wir können die herrliche Welt um uns her bejahen; wir brauchen nicht mit ihr zu hadern. Ohne unsere Gewohnheiten aufzugeben, werden wir uns nie ganz für die Welt öffnen können. Doch wenn wir es schaffen, wird das Drala-Prinzip, das Magische, zu seiner ganzen Lebendigkeit erwachen, und wir werden – in einem ganz bestimmten Sinn – Meister unserer Welt.

16. Eine heilige Welt

Wenn der Mensch seine Verbindung zur Natur, zu Himmel und Erde
verliert, dann weiß er seine Umwelt nicht mehr pfleglich zu
behandeln und die Welt nicht mehr zu regieren – was letztlich
dasselbe ist. Was Menschen ihrer Umwelt zufügen, geht Hand in
Hand mit dem, was sie einander zufügen. So betrachtet, ist die
Heilung der Gesellschaft nur zugleich mit der Heilung unserer
persönlichen, elementaren Beziehung zu unserer Umwelt möglich.

Um das Magische in der Welt zu entdecken, müssen wir
unsere Ichbezogenheit überwinden – den Hochmut, die
Gewohnheitsmuster und unsere Neurosen, denn all das
hindert uns daran, über unseren allzu engen Horizont
hinauszublicken. Sie beschneiden unser Sehvermögen, sie
hindern uns daran, uns aufzurichten und aufzuschauen, so
daß wir auch anderen helfen können.

Viele Menschen sagen, die Probleme der Welt seien so
dringlich, daß gesellschaftliches und politisches Handeln
Vorrang vor der persönlichen Entwicklung haben müsse.
Manche fühlen sich deshalb aufgerufen, ihre persönlichen
Bedürfnisse dem Dienst am Ganzen unterzuordnen. Diese
Denkweise hat jedoch eine Kehrseite: Häufig werden
nämlich individuelle Neurosen und Aggressionen als reine
Produkte gesellschaftlicher Mißstände entschuldigt, und
dann fühlt man sich berechtigt, an seinen Neurosen festzu-
halten und seine Aggression zur Systemveränderung ein-
zusetzen.

Für die Shambhala-Tradition sind die Dinge nicht so
säuberlich zu trennen; hier gilt nämlich, daß unsere eigene
innere Verfassung unser Vorstellungsbild von einer guten
Gesellschaft entscheidend mitbestimmt. Also muß man

die Dinge wohl doch Schritt für Schritt angehen und vor allem beim Nächstliegenden beginnen. Wenn wir nämlich die Probleme der Gesellschaft zu lösen versuchen, ohne zuvor die Verwirrung unseres eigenen Geisteszustands zu beheben, werden wir diese Probleme nur verschärfen. Deshalb müssen wir uns erst einmal auf den Pfad des Kriegers begeben haben, bevor wir uns überhaupt fragen können, wie dieser Welt zu helfen sei. Es wäre aber ganz falsch, die Shambhala-Weltsicht so zu verstehen, daß jeder nur für sich selbst sorgen soll und keine Verantwortung für andere hat. Im Kriegerdasein geht es darum, ein sanfter, gezähmter und offener Mensch zu werden, der dieser Welt einen wirklichen Dienst erweisen kann. Der Sinn der Kriegerschaft besteht darin, das ursprüngliche, natürliche Gutsein des menschlichen Daseins zu entdecken und dieses Gutsein mit anderen zu teilen. Es gibt tatsächlich eine natürliche Harmonie und Ordnung in dieser Welt, aber wir können sie nicht wissenschaftlich untersuchen oder mathematisch erfassen, sondern nur entdecken. Wir müssen sie fühlen – mit Körper, Herz und Geist. Wenn wir uns intensiv in der Disziplin der Kriegerschaft geschult haben, können wir Drala wachrufen und damit diese enge Beziehung zur Wirklichkeit wiederaufleben lassen. So schaffen wir die Voraussetzungen, um mit anderen offen und freundlich zu arbeiten.

Wenn du Drala wachrufst, beginnst du in allem das grundlegende Gutsein zu entdecken – in dir selbst, in anderen, in der ganzen Welt. Du bist dabei jedoch nicht blind für die untergehende Sonne, für die Schattenseiten des Daseins. Du siehst sie sogar sehr genau, weil du hellwach bist. Du siehst aber auch, daß jeder Aspekt des Lebens entwicklungsfähig ist, daß jede Situation ein Potential an Heiligkeit besitzt. Du fängst an, das ganze Universum als einen heiligen Ort zu betrachten. Die heilige Welt ist das, was in allen Erscheinungen der phänomenalen Welt natürlich vorhanden ist und stets gleichbleibt. Einem Stück Gold kann man verschiedene Formen geben – schöne und häßliche –, und doch bleibt es Gold. Ein Diamant kann von einem ganz heruntergekommenen Menschen getragen werden und bleibt doch ein Diamant.

So ist es auch mit der heiligen Welt: Man sieht, daß diese Welt voller Verwirrung und Probleme ist, aber man sieht zugleich, daß das Strahlen der Großen Östlichen Sonne sich ständig in dieser phänomenalen Existenz manifestiert. Die heilige Welt wird «groß» genannt, weil sie ursprünglich und ungeschaffen ist. Ihre Heiligkeit ist älter als Geschichte und Vorgeschichte, älter als das Denken, älter als der menschliche Geist selbst. Die Erfahrung der großen heiligen Welt ist also die Erfahrung, daß es eine allumfassende, ursprüngliche Weisheit gibt, die sich in allen Phänomenen widerspiegelt. Diese Weisheit ist alt und jung zugleich, und sie wird von den Problemen der relativen Welt weder übertüncht noch gemindert.

Heiligkeit ist mit dem Osten, dem Ursprung des Lichts, assoziiert, weil es in dieser Welt immer die Möglichkeit gibt zu sehen. Der Osten ist die Morgenröte der Wachheit, der Horizont des menschlichen Bewußtseins, über dem stets die Möglichkeit einer größeren Vision aufgeht. Wo du auch bist, du kannst immer die Augen öffnen und nach Osten schauen; selbst unter den erbärmlichsten Umständen steht es dir frei, wach zu schauen. Die heilige Welt erstrahlt im nie verlöschenden Licht und Glanz der Großen Östlichen Sonne. In diesem Licht erkennen wir das Potential an grundlegendem Gutsein in der Welt. Was wir normalerweise unter Licht verstehen, stammt stets aus ganz bestimmten Energiequellen. Wie hell eine Kerzenflamme brennt, hängt von der Dicke der Kerze und des Dochtes ab. Die Leuchtkraft einer Glühbirne wird von elektrischen Größen bestimmt. Nur die Große Östliche Sonne strahlt ewig und bedarf keiner Energiequelle. Wenn wir ihr Licht erkennen, sehen wir die heilige Welt.

Die Erfahrung der heiligen Welt zeigt uns, wie unablösbar wir in das Gewebe dieser Welt hineingewirkt sind. Wir sind ein natürlicher Bestandteil dieser Welt, und sie offenbart uns eine natürliche Hierarchie oder Ordnung, in der wir ein Modell für unsere Lebensführung haben. Normalerweise versteht man unter Hierarchie eine Art Leiter, eine vertikale Machtstruktur, bei der die oberste Sprosse die größte Machtfülle bedeutet. Wer sich auf einer der unteren Sprossen befindet, fühlt sich von allem, was über ihm ist, unterdrückt; er versucht es abzuschütteln oder selbst höher zu klettern. Für den Krieger bedeutet Hierarchie dagegen, daß er die Große Östliche Sonne überall und in allem widergespiegelt sieht. Er sieht die Möglichkeit einer Ordnung, die weder auf Kampf und Aggression beruht noch Anlaß dazu gibt, die Möglichkeit, in Harmonie mit der Welt zu leben. Dieses Verständnis von der Hierarchie oder Ordnung der Welt manifestiert sich als Gespür für den rechten Anstand, das unserem Leben etwas Würdevolles und Gepflegtes gibt und uns zeigt, was unsere natürliche Art zu *sein* ist.

Das würdevolle Verhalten des Kriegers ist von seiner Gelassenheit und seinem Gefühl der Harmonie mit sich selbst und seiner Welt bestimmt. Er braucht sich nicht eigens den wechselnden Situationen anzupassen, alles fügt sich ganz von selbst. Jetzt entledigt er sich der letzten Reste jener gigantischen Last von Gewohnheitsmustern, die er so lange mit sich herumgetragen hat, um sich vor der Natur zu schützen. Er nimmt die Natur rückhaltlos in sich auf und sieht, daß er keine vom Ich bedingten Ausflüchte mehr braucht. Er fühlt sich ge-lassen und unbeschwert. Er fühlt sich in seiner Welt zu Hause.

So erlaubt uns die Erweckung von Drala, in Harmonie mit der elementaren Qualität der Wirklichkeit zu leben. Im allgemeinen scheint es uns heute allerdings mehr darum zu gehen, die Elemente zu bezwingen. Die Zentralheizung bezwingt die Kälte des Winters, die Klimaanlage bezwingt die Hitze des Sommers. Wir lassen uns ungern durch Dürre, Überschwemmungen oder Stürme an die überlegene Kraft der Natur erinnern, und gleich rüsten wir zum Kampf gegen die Elemente. Dem Krieger geht es nicht darum, die elementaren Kräfte des Daseins niederzuringen; er respektiert ihre Macht und Ordnung als Wegweiser für seine Lebensführung. In den alten Philosophien Chinas und Japans wird anhand der drei Prinzipien Himmel, Erde und Mensch dargestellt, wie das Leben und die Gesellschaft des Menschen mit der Ordnung der natürlichen Welt in Einklang zu bringen sind. Dem liegt ein uraltes Verständnis von natürlicher Hierarchie zugrunde. Ich habe die Prinzipien Himmel, Erde und Mensch als sehr hilfreich empfunden, um darzustellen, wie der Krieger seinen Platz in der heiligen Welt einnimmt. Wir haben natürlich heute andere politische und soziale Wertvorstellungen als das alte China oder Japan, aber die Weisheit, die sich in den Prinzipien der natürlichen Ordnung bekundet, ist auch heute noch gültig und anwendbar.

Wir können die drei Prinzipien buchstäblich als den Himmel, die Erde und den Menschen dazwischen verstehen. In allen Kulturen ist der Himmel der heiligste Bereich, Wohnsitz der Götter. So steht der Himmel symbolisch für alle hohen Ideale, für die Erfahrung der Grenzenlosigkeit und Heiligkeit, die den Hintergrund menschlicher Größe und Schöpferkraft bilden. Die Erde

ist andererseits das Symbol der handgreiflichen Wirklichkeit und der Empfänglichkeit. Sie ist der Grund, der das
Leben trägt und fördert. Sie mag uns fest und unbeweglich
erscheinen, doch sie kann bearbeitet, kultiviert werden.
Formbar wird das Prinzip Erde erst durch die richtige
Beziehung zwischen Himmel und Erde. Das Prinzip Himmel mag uns trocken und philosophisch erscheinen, aber
auch Wärme und Liebe kommen vom Himmel. Vom
Himmel fällt der Regen zur Erde, es besteht also eine tiefe
Beziehung zwischen den beiden. Wenn diese Beziehung
hergestellt ist, öffnet sich die Erde, sie wird sanft und weich
und formbar, so daß Pflanzen auf ihr wachsen und Menschen sie bearbeiten können.

Das Mensch-Prinzip ist Symbol für ein Leben in Harmonie mit Himmel und Erde. Wenn Menschen die Weite des
Himmels mit der Handfestigkeit der Erde zu verknüpfen
wissen, können sie in einer guten menschlichen Gemeinschaft miteinander leben. In den alten Philosophien wird
gesagt, wenn Menschen in Harmonie mit den Prinzipien
Himmel und Erde leben, dann spielen auch die Jahreszeiten und die Elemente der Welt harmonisch zusammen.
Dann gibt es keine Furcht mehr, und die Menschen
schließen sich, wie es ihnen zusteht, dem Leben auf dieser
Welt an. Sie haben den Himmel über sich und die Erde
unter sich, und sie wissen das Leben in seiner Gesamtheit
zu würdigen.

Doch wenn der Mensch seine Beziehung und sein Vertrauen zu Himmel und Erde selbst zerstört, treten Naturkatastrophen und gesellschaftliche Wirren ein. Das chinesische Schriftzeichen für Herrscher oder König ist eine
vertikale Linie, die drei horizontale Linien verbindet –
Himmel, Erde und Mensch. Der König hat also die Macht,
Himmel und Erde in einer guten menschlichen Gesellschaft zu vereinigen. Wenn genügend Regen fiel und die

Feldfrüchte gediehen, so wurde das früher als ein Zeichen gewertet, daß der König ein wahrer König sei, der Himmel und Erde miteinander vereinigen konnte. Traten andererseits Dürre, Hungersnöte und Naturkatastrophen ein, so wurde die Macht des Königs in Frage gestellt. Dieser Gedanke, daß die Harmonie der Natur mit der Harmonie im menschlichen Bereich verknüpft ist, findet sich nicht nur im Fernen Osten. Denken wir nur an die Bibel, etwa an die Geschichte von König David, in der ebenfalls ein Konflikt zwischen Himmel und Erde geschildert wird, durch den der König in Mißkredit gerät.

Wenden wir diese Sicht von Himmel, Erde und Mensch auf unsere heutige Welt an, so wird sichtbar, daß eine Beziehung besteht zwischen den gesellschaftlichen und den Umweltproblemen. Wenn der Mensch seine Verbindung zur Natur, zu Himmel und Erde verliert, dann weiß er seine Umwelt nicht mehr pfleglich zu behandeln und die Welt nicht mehr zu regieren – was letztlich dasselbe ist. Was Menschen ihrer Umwelt zufügen, geht Hand in Hand mit dem, was sie einander zufügen. So betrachtet, ist die Heilung der Gesellschaft nur zugleich mit der Heilung unserer persönlichen, elementaren Beziehung zu unserer Umwelt möglich.

Solange der Mensch kein Gefühl für ein Zusammenleben mit einem weiten Himmel über sich und einer üppig grünen Erde unter sich hat, gibt es für ihn kaum eine Möglichkeit, sehen zu lernen. Wenn wir den Himmel als eisernen Deckel und die Erde als wüstes Ödland empfinden, verstecken wir uns lieber, anstatt nach außen zu gehen, um anderen zu helfen. Die Shambhala-Weltsicht lehnt weder die Technik ab noch befürwortet sie ein naives «Zurück zur Natur». Aber in dieser Welt, die wir bewohnen, besteht immer die Möglichkeit loszulassen und uns selbst, unseren Himmel und unsere Erde zu betrachten und zu bejahen. Wir dürfen uns erlauben, uns selbst zu lieben, Kopf und Schultern zu heben, um die Sonne am Himmel zu sehen.

Die Herausforderung der Kriegerschaft besteht darin, voll und ganz in dieser Welt, wie sie ist, zu leben und in dieser so widersprüchlichen Welt das Wesen der Jetztheit zu entdecken. Wenn wir unsere Augen, unser Herz und unseren Geist öffnen, werden wir finden, daß diese Welt ein magischer Ort ist. Sie ist nicht magisch, weil sie uns irreführt oder sich plötzlich in etwas anderes verwandelt, sondern weil sie so strahlend lebendig sein kann. Aber wir entdecken diesen Zauber erst, wenn wir uns nicht mehr unserer eigenen Lebendigkeit schämen, wenn wir den Mut haben, das Gutsein und die Würde des menschlichen Daseins zu bekunden – ohne Zögern und ohne Hochmut.

Die Welt ist voller Kraft und Weisheit, die uns stets zugänglich sind. In gewisser Weise haben wir sie sogar schon.

Durch das Wachrufen von Drala bekommen wir die Möglichkeit, die heilige Welt und ihre natürliche Hierarchie oder Ordnung zu erfahren. Diese Ordnung umfaßt alle Aspekte des Lebens, auch die häßlichen, bitteren und traurigen. Auch diese Fäden sind wie unser eigenes Sein in den prächtigen Teppich des Lebens verwoben, ob es uns gefällt oder nicht. Diese Verbundenheit zu erkennen, hat weitreichende Folgen: Wir merken jetzt, daß es sinnlos ist, sich über diese Welt zu beklagen oder gegen sie zu kämpfen. Dafür steht es uns jetzt offen, die Heiligkeit der Welt zu feiern und ihr Geltung zu verschaffen. Auf dem Weg des Kriegers erweitern und vertiefen wir unser Sehvermögen und lernen, uns furchtlos zu geben. Nur so bekommen wir die Möglichkeit, einen fundamentalen Wandel herbeizuführen.

Wie die Welt *ist*, das können wir nicht verändern; doch

wenn wir uns dieser Welt, *wie sie ist*, öffnen, werden wir vielleicht feststellen, daß es Sanftheit, Geradheit und Mut tatsächlich gibt – und nicht nur für uns selbst, sondern für alle Menschen.

17. Die natürliche Ordnung

Ein Leben in Übereinstimmung mit der natürlichen Ordnung hat nichts mit starren Regeln oder Tagesordnungen oder mit leblosen Verhaltensnormen zu tun. Die Ordnung, Kraft und Fülle dieser Welt kann uns aber die Augen öffnen für ein umsichtig geführtes Leben voller Freundlichkeit nach innen und außen.

Die drei Prinzipien Himmel, Erde und Mensch sind eine der Möglichkeiten, die natürliche Hierarchie oder Ordnung des Kosmos zu beschreiben. Ich möchte jetzt eine andere Sicht dieser Ordnung darstellen, die zur Shambhala-Tradition meines Geburtslandes Tibet gehört.

Auch hier finden wir eine Dreiteilung vor, nämlich in die Prinzipien *Lha, Nyen* und *Lu.* Sie stellen keinen Gegensatz dar zu den Prinzipien Himmel, Erde und Mensch, eröffnen aber, wie sich zeigen wird, eine etwas andere Perspektive. Lha, Nyen und Lu sind mehr in den Gesetzen der Erde verwurzelt, berücksichtigen jedoch auch die beherrschende Stellung des Himmels und den Platz des Menschen im kosmischen Gefüge. Lha, Nyen und Lu beschreiben in erster Linie die Ordnung der Erde und zeigen, wie der Mensch sich in das Gewebe der elementaren Wirklichkeit einbinden kann. Die Anwendung dieser drei Prinzipien ist also ein weiterer Weg, die Kraft von Drala oder elementarer Magie wachzurufen.

Lha bedeutet wörtlich «Gott» oder «göttlich», doch in unserem Zusammenhang bezieht es sich nicht auf den himmlischen Bereich, sondern auf den höchsten Punkt der Erde. Die Gipfel der Schneeberge, Gletscher und nackter

Fels sind der Bereich von Lha. Lha ist der höchste Punkt, der das Licht der aufgehenden Sonne zuerst einfängt. Es ist der irdische Bereich, der in den Himmel und die Wolken hineinragt: er kommt dem Himmel so nah, wie das die Erde nur kann.

Psychologisch betrachtet vertritt Lha das erste Aufblitzen der Wachheit, die Erfahrung einer wunderbaren Frische und Geklärtheit unseres Geisteszustands. Lha ist das, was in uns zum ersten Mal das Licht der Großen Östlichen Sonne einfängt und als elementares Gutsein nach außen zurückspiegelt. Am Körper ist Lha der Kopf und hier vor allem Augen und Stirn, repräsentiert also unsere Aufgerichtetheit und unsere Ausstrahlung.

Nyen bedeutet wörtlich «Freund». Es beginnt bei den mächtigen Bergschultern und erstreckt sich über die Wälder und Ebenen. Die breiten Schultern der Samurai-Rüstungen vertreten das Nyen-Prinzip, und das gilt auch für die Schulterstücke heutiger Militäruniformen. Am Körper sind die Schultern und der obere Rumpf der Sitz von Nyen. Psychologisch gesehen repräsentiert Nyen ein Gefühl der Verwurzelung im Gutsein, in der Erde. Es ist der Ausdruck für eine mutige und ritterliche Haltung oder, wie wir auch sagen könnten, für erleuchtete Freundschaft: mutig und anderen gegenüber hilfsbereit sein.

Und endlich *Lu*, das wörtlich so viel wie «Wasserwesen» bedeutet. Lu ist der Bereich der Flüsse, der großen Seen und Meere, also des Wassers oder überhaupt des Feuchten. Lu ist wie ein flüssiger Diamant, vereinigt also Feuchtigkeit und Reichtum in sich. Die Erfahrung von Lu ist wie der Sprung in einen Goldsee. Lu ist auch Frische, aber eine andere als die Gletscherfrische von Lha. Hier ist sie wie Sonnenlicht in einem tiefen Wasserloch, das den Edelsteincharakter des Wassers sichtbar macht. Am Körper ist Lu der Bereich von der Taille bis zu den Füßen.

Lha, Nyen und Lu spielen in allen Vorgängen eine Rolle, zum Beispiel für die Jahreszeiten. Der Winter ist Lha, die Jahreszeit einer hohen, frischen Weite. Die Luft ist so kalt und klar, als schwebte man über den Wolken. Dann der Frühling, in dem der Himmel sich wieder der Erde nähert und sie berührt; der Frühling ist die Übergangzeit von Lha zu Nyen. Im Sommer, wenn alles grün ist und blüht, kommt die Zeit der vollen Entfaltung von Nyen. Dann kommt der Herbst, die Zeit von Lu, Reifezeit der Früchte und letztes Entwicklungsstadium in der Folge der Jahreszeiten. Das Reifen und die Ernte im Herbst sind auch das Reifen von Lu. Im Wechsel der Jahreszeiten bilden Lha, Nyen und Lu die Kräfte eines Entwicklungsprozesses. Dasselbe gilt aber auch für viele andere Vorgänge. Die Interaktion von Lha, Nyen und Lu ist der Schneeschmelze in den Bergen vergleichbar. Die Sonne erwärmt die Gipfel und Gletscher, und es beginnt zu tauen – das ist Lha. Dann rinnt das Schmelzwasser an den Bergen herunter und bildet Bäche – Nyen. Die Bäche vereinigen sich zu Flüssen, die ins Meer münden – das ist Lu, die Reifung.

Auch im menschlichen Bereich wird das Zusammenspiel dieser drei Prinzipien sichtbar. Zum Beispiel ist Geld als solches Lha, richtet man mit diesem Geld ein Bankkonto ein, so ist das Nyen, und wenn man Geld abhebt, um damit etwas zu bezahlen, so ist das Lu. Ein ganz schlichtes Beispiel: Wir trinken ein Glas Wasser. Aus einem leeren Glas kann man nicht trinken, also füllt man es erst einmal, und das ist Lha. Dann nimmt man das Glas in die Hand – Nyen. Schließlich trinkt man, und das ist Lu.

Lha, Nyen und Lu spielen in jeder Lebenssituation eine Rolle. Auch jedes Ding, mit dem wir umgehen, ist einem dieser drei «Orte» zugeordnet. Zum Beispiel Kleidung: Der Hut hat seinen Platz im Lha-Bereich, Schuhe gehören zum Lu-Teil des Körpers, und ein Hemd trägt man dort, wo Nyen seinen Sitz hat. Vertauscht man diese Prinzipien, so spürt man instinktiv, daß etwas nicht stimmt. Wenn die Sonne einem auf den Kopf brennt, legt man sich nicht die Schuhe als Schutz auf den Kopf. Andererseits zieht man sich nicht die Brille anstatt eines Schuhs an den Fuß. Man bindet sich die Krawatte nicht ums Knie und sollte, nebenbei bemerkt, die Füße nicht auf den Tisch legen, denn beides ist eine Vermengung von Lu und Nyen. Persönliche Gegenstände, die dem Lha-Bereich zugehören, sind zum Beispiel Hut, Brille, Ohrringe, Zahn- und Haarbürste. Zum Nyen-Bereich gehören Fingerringe, Gürtel, Krawatte, Hemd und Bluse, Manschettenknöpfe, Halsketten und Armbanduhren. Zum Lu-Bereich gehören Dinge wie Schuhe, Socken und Unterhose. Tut mir leid, so simpel ist das wirklich. Lha, Nyen und Lu sind sehr praktische Größen, gar nichts Ungewöhnliches.

Die Beachtung der Ordnung von Lha, Nyen und Lu macht die Zivilisiertheit des Menschen aus; man könnte sagen, daß diese drei Prinzipien den höchsten Verhaltensmaßstab darstellen. Wenn man die Regeln von Lha, Nyen und Lu einhält, ist das Leben in Harmonie mit der Ordnung der phänomenalen Welt. Manche Menschen möchten sich über solche Grundregeln hinwegsetzen und sagen: «Ich stelle mir die Schuhe auf den Kopf, na und?» Aber jeder weiß, daß das nicht in Ordnung ist, auch wenn man nicht direkt triftige Gründe dafür angeben kann. Ein Instinkt sagt uns, daß bestimmte Dinge an bestimmte Plätze gehören, und solche Normen sind durchaus sinnvoll. Das ganze Haus wird bedeutend ordentlicher und wohnlicher, wenn die Dinge an ihrem Platz sind. Rhythmus und Ordnung übertragen sich von hier aus auf unsere gesamte Erfahrung.

Es kann sehr destruktiv sein, wenn die Ordnung von Lha, Nyen und Lu gestört wird. Folgte auf den Herbst beispielsweise gleich der Sommer anstatt des Winters, oder auf den Sommer gleich wieder der Frühling, so wäre die ganze kosmische Ordnung durcheinandergebracht. Nichts würde mehr richtig wachsen, die Tiere könnten sich nicht vermehren, und es würden verheerende Dürren und Überschwemmungen über uns hereinbrechen. Das gleiche gilt für die Gesellschaft: Wird hier die Ordnung von Lha, Nyen und Lu verletzt, so geht alle Kraft verloren, und ein Chaos entsteht.

Manchmal führen unsere politischen Führer uns die Verletzung von Lha, Nyen und Lu recht drastisch vor Augen: Der Präsident der Vereinigten Staaten im Oval Office mit den Füßen auf dem Tisch; oder die legendär gewordene Szene am Sitz der Vereinten Nationen, als Chruschtschow mit dem Schuh aufs Rednerpult schlug. Nicht dieses Handeln selbst ist das eigentliche Problem, sondern was daran sichtbar wird. Die Gesetze von Lha, Nyen und Lu zu beachten, ist nicht bloß eine Frage von guten Manieren. Wirklich problematisch ist vielmehr die ganze Einstellung, die der Heiligkeit des Lebens spottet: daß man seine Persönlichkeit zum Ausdruck bringen oder einer Aussage Nachdruck verschaffen kann, indem man die Welt auf den Kopf stellt und ihre Regeln ignoriert. Man verliert dadurch sein Vertrauen in die Welt und wird selbst ein vertrauensunwürdiger Mensch, der sich seinen Weg durchs Leben zu erkaufen oder zu erschleichen versucht und das für die Straße zum Erfolg hält. Kann sein, daß ihm auf diesem Weg vorübergehend Erfolg beschieden ist, doch letztlich wirft er sich damit selbst in die Gosse.

Es ist also sehr wichtig, die Ordnung von Lha, Nyen und Lu zu beachten. Es ist nicht mit einem Lippenbekenntnis getan, und auch ein ordentlicher Haushalt muß nicht unbedingt ein Beweis für die richtige Haltung sein. Es fängt damit an, daß du diese Welt wirklich in dich auf-nimmst, sie wieder mit völlig unvoreingenommenem Blick betrachtest. Wenn du das kannst, dann fühlst du die Gegenwart von Lha, Nyen und Lu in deinem Körper, in deinem ganzen Sein. Du fühlst die Wachheit und Vision des Lha, die Festigkeit und Sanftheit von Nyen, die von Lu bestimmten Möglichkeiten des Kontakts mit der Erde. Wenn du diese Grundlage des würdigen Verhaltens entdeckt hast, geht dir allmählich auf, wie du die richtige Ordnung von Lha, Nyen und Lu wahren kannst, indem du dich anderen gibst und der Welt dienst.

Die Verbindung von Lha, Nyen und Lu ist abgebildet in der traditionellen Begrüßungsform vieler östlicher Kulturen, der Verbeugung. Für den Shambhala-Krieger ist die Verbeugung Symbol seiner Bereitschaft, sich anderen hinzugeben und ihnen zu dienen. Sie ist äußeres Abbild seiner ganzen Einstellung gegenüber dem Leben, seiner Grundhaltung des selbstlosen Dienens. Wenn ein Krieger sich verbeugt, so beginnt das mit einer gestrafften Haltung, in der Kopf und Schultern aufgerichtet sind. Man sackt nicht einfach zu einem «Bückling» zusammen, sondern richtet sich zuvor ganz auf. Das stellt die Verbindung mit Lha her und entfesselt Windpferd. Der Krieger ist wie ein schneebedeckter Berg, und dann beginnt sich sein Kopf aus der klaren, frischen Gletscherzone herab zu senken. Auf Schulterhöhe erreicht er den Bereich von Nyen, dem der Krieger so seine Achtung bezeugt. Dann vollendet er die Bewegung und beugt sich auch noch dem Bereich von Lu. Er unterwirft sich vollkommen. Er bietet sich selbst während dieser Verbeugung durch alle drei Bereiche ganz und rückhaltlos dar.

Mit der Verbeugung gibt man grundlegendes Gutsein und Windpferd an andere weiter. Damit ist ein tiefes Empfinden des Verzichts auf jede Form potentieller Macht verbunden. Es ist ein dreifacher Prozeß: Halten, fühlen und geben. Zuerst bedarf es der Haltung, denn

ohne richtigen Ausgangspunkt kann keine glaubwürdige
Äußerung zustandekommen. Eine Verbeugung ohne Ausgangspunkt ist eine leere Gebärde, die kein Herz hat.
Derjenige, dem die Verbeugung gilt, wird dich kaum für
eine vertrauenswürdige Person halten. Die Magie und
Kraft der Verbeugung gilt im Grunde beiden Menschen.
Wenn du dich vor einem Freund oder einem guten,
vertrauenswürdigen Menschen verbeugst, so habt ihr beide an etwas teil und seid darin verbunden. Verbeugst du
dich vor der untergehenden Sonne oder vor Witzfiguren,
so entwürdigst du dich selbst. Ein Krieger tut so etwas
niemals. Eine Verbeugung bekundet deine Wertschätzung
für den anderen, und du unterstreichst diese Achtung,
indem du dich erst wieder aufrichtest, wenn dein Gegenüber es tut.

Die Verbeugung ist ein gegenseitiger Energieaustausch,
aber auch ein Zeichen von Kultur, Loyalität und Hingabe.
An ihr zeigt sich beispielhaft, wie Lha, Nyen und Lu zu
einer Einheit verbunden werden können. Letztlich geht es
darum, der Welt zu dienen. Auch die Werkzeuge, mit
denen wir unsere Welt gestalten, sind dazu da, Lha, Nyen
und Lu zu verbinden, und verdienen besondere Achtung.
Dasselbe gilt für Menschen, die anderen dienen und damit
zur Gestaltung ihres Lebens beitragen. Ein Lehrer, der
seine Schüler zur Vereinigung von Lha, Nyen und Lu
führt, verdient unsere Hochachtung. Eigentlich kommt
auch Politikern und Staatsbediensteten diese Rolle zu. Der
Krieger schließlich fühlt sich gänzlich dieser Aufgabe
verpflichtet, Lha, Nyen und Lu zu vereinigen, um seinen
Mitmenschen zu helfen.

Ein Leben in Übereinstimmung mit der natürlichen
Ordnung hat nichts mit starren Regeln und Tagesordnun-
gen oder mit leblosen Verhaltensnormen zu tun. Die
Ordnung, Kraft und Fülle dieser Welt kann uns aber die

Augen öffnen für ein umsichtig geführtes Leben voller
Freundlichkeit und Aufmerksamkeit nach außen und innen. Das bloße Studium von Lha, Nyen und Lu reicht dazu
jedoch nicht aus. Die Entdeckung der natürlichen Hierarchie oder Ordnung muß eine persönliche Erfahrung sein –
das Magische ist etwas, das man selbst erleben muß. Wenn
dieser Kontakt hergestellt und gefestigt ist, wird es dir
unvorstellbar, den Hut auf den Boden zu legen, geschweige denn, deine Nachbarn oder Freunde zu betrügen. Du
spürst in dir den Drang, deiner Welt zu dienen und dich ihr
gänzlich hinzugeben.

18. Regentschaft

Wenn hier vom «Regieren» unserer Welt die Rede ist, so soll damit gesagt sein, daß es möglich ist, ein würdevolles, diszipliniertes Leben ohne Nachlässigkeit zu führen und sich zugleich am Leben zu freuen. Der Alltag und das Fest des Lebens sind durchaus miteinander vereinbar.

Die Reise des Kriegers, auf der er die natürliche Ordnung und seinen Platz in der Welt entdeckt, ist etwas Erhabenes und zugleich etwas sehr Einfaches. Einfach deshalb, weil hier alles so unmittelbar und hautnah ist. Es berührt deinen Ursprung – deinen Platz in dieser Welt, den Ort, von dem du kommst und an den du gehörst. Es ist wie ein langer Abendspaziergang durch den Wald. Du hörst die Vögel singen und siehst am Himmel das schwindende Licht. Die Mondsichel taucht auf, und Sternbilder treten hervor. In der Ferne Hundegebell, Kindergeschrei und gelegentlich das Brummen eines Autos oder Lastwagens auf der Landstraße. Der Wind streicht über dein Gesicht und trägt dir die Gerüche des Waldes zu. Hin und wieder schreckst du auf deinem Weg Vögel oder ein Kaninchen auf. Im letzten Licht kommen dir Erinnerungen an deinen Mann oder deine Frau, an deine Kinder, deine Großeltern, deine ganze Welt. Du erinnerst dich an dein erstes Klassenzimmer, in dem du lesen und schreiben lerntest. Du siehst dich noch die Buchstaben nachziehen, *i* und *o*, *m* und *a*. Du gehst durch den Wald der Dralas und spürst doch deutlich, daß in seiner Umgebung noch andere Menschen leben. Doch wenn du lauschst, hörst du nur den

Wald und deine eigenen Schritte – rechts, links, rechts, links, ein Knacken, wenn du auf einen dürren Zweig trittst.

Wenn du in diese Welt der Wirklichkeit, in die große oder kosmische Welt hineinwanderst, wirst du herausfinden, wie du dein Leben regieren kannst – doch zugleich wirst du dort ein tiefes Alleinsein finden. Diese Welt kann ein Palast oder Königreich für dich werden, aber du wirst darin ein König oder eine Königin mit gebrochenem Herzen sein. Und das ist durchaus nicht das Schlechteste. Es ist sogar die beste Art, wahrhaft Mensch zu sein, ein Mensch, der anderen helfen kann.

Dieses Alleinsein ist schmerzlich, aber zugleich auch schön und wirklich. Aus der Traurigkeit erwächst ganz natürlich ein Verlangen und eine Bereitschaft, mit anderen zu arbeiten. Du siehst, daß es gut ist, so zu sein, wie du bist. Weil du für dich selbst sorgst, beginnst du dich jetzt auch für andere zu interessieren, die dein Leben ermöglicht haben oder den Weg der Kriegerschaft schon gegangen sind und ihn für dich geebnet haben. Du fühlst dich diesem uralten Geschlecht der Krieger verbunden und verpflichtet – allesamt unerschrockene Menschen, wer sie auch gewesen sein mögen. Zugleich nimmst du aber auch Anteil an all jenen, die diesen Weg noch vor sich haben: Was für dich möglich war, kann mit der richtigen Hilfe auch für andere möglich werden.

Du erkennst, daß es auch in deinem Leben «Jahreszeiten» gibt wie in der Natur. Es gibt Zeiten des Bauens und Erschaffens, in denen du deine Welt fruchtbar machst, neue Ideen hervorbringst und Unternehmungen beginnst. Dann gibt es die Zeiten des Wachsens und des Überflusses, in denen das Leben voll erblüht scheint und sich kraftvoll reckt. Dann die Zeit der Reife, in der die Dinge sich ihrer Erfüllung und ihrem Ende nähern. Alles erreicht seinen Höhepunkt und muß geerntet werden, bevor es wieder vergeht. Und dann gibt es natürlich die Zeiten der kalten, schneidenden Leere, in denen der Frühling des Neubeginns wie ein ferner Traum erscheint. Solche Lebensrhythmen sind naturgegeben. Sie flechten sich ineinander wie Tag und Nacht und enthalten keine Botschaften der Hoffnung oder Furcht, sondern zeigen einfach, wie die Dinge *sind*. Wenn du erkannt hast, daß alle Lebensphasen natürliche Rhythmen sind, brauchst du dich nicht mehr von den wechselnden Umständen und den schwankenden Stimmungen des Lebens mitschleifen zu lassen. Du hast jederzeit die Möglichkeit, ganz in dieser Welt zu sein und dich unter allen Umständen als mutiger und stolzer Mensch zu bewähren.

Sich um die Belange des täglichen Lebens zu kümmern und gleichzeitig das Leben wie ein Fest zu feiern – ist das überhaupt möglich? Die Erfordernisse des Alltags sind für uns meist rein praktischer Natur und allzu oft nur mühsame Plackerei. Und unter Feiern verstehen wir im allgemeinen etwas Extravagantes, das wir uns eigentlich nicht leisten können. Wenn hier aber vom «Regieren» unserer Welt die Rede ist, so soll damit gesagt sein, daß es möglich ist, ein würdevolles, diszipliniertes Leben ohne Nachlässigkeit zu führen und sich zugleich am Leben zu freuen. Der Alltag und das Fest des Lebens sind durchaus miteinander vereinbar. Das Königreich, das du regierst, ist dein eigenes Leben, das Reich des Haushälters. Dein tägliches Leben hat eine Struktur, ob du verheiratet bist und Kinder hast oder nicht. Viele Menschen empfinden die Regelmäßigkeit des Lebens als Zwangsjacke, sie wünschen sich ständig ein anderes Leben, ständig neue Gerichte auf dem Tisch. Es ist jedoch notwendig, irgendwo zur Ruhe zu kommen und sich um ein regelmäßiges, diszipliniertes Leben zu bemühen. Und seltsam: Je größer die Disziplin wird, desto mehr ist das Leben von Freude erfüllt. Die

Grundstruktur des Lebens kann also Freude sein und muß nicht bloß aus Pflichterfüllung bestehen. Das ist mit dem Regieren im Königreich deines eigenen Lebens gemeint.

Das Leben – jedes Leben – kann reich und gut sein, das beinhaltet der Ausdruck «Königreich». Unter Reichtum wird meist nicht mehr als ein Vermögen an Geld und Gütern verstanden, wirklicher Reichtum besteht jedoch in dem Wissen, wie man dem ganzen Leben den Glanz des Goldes verleihen kann. Auch wenn man nur ein paar Mark auf der Bank hat, kann das Leben voller Reichtum sein.

Es ist eine Binsenweisheit, aber halten wir sie uns ruhig noch einmal vor Augen: Wenn du dich in der Wüste verirrst und deine Nahrungs- und Wasservorräte aufgebraucht hast, kannst du noch so viel Gold im Rucksack haben, damit läßt sich gegen Hunger und Durst nichts ausrichten. So geht es vielen reichen Menschen in der Wüste ihres Lebens: Ihren wirklichen Hunger und Durst können sie mit all ihrem Geld nicht stillen. Zufriedenheit und Freiheit von Schmerz sind mit Geld nicht zu erkaufen. Wer steinreich ist, kann trotzdem unfähig sein, sich an einem einfachen Mahl zu freuen.

Wahrer Reichtum kommt nicht von selbst. Man muß ihn sich verdienen, sonst bleibt man vor vollen Töpfen hungrig. Wer seine Welt wirklich regieren will, muß sich davor hüten zu denken, das habe mit großen Ausgaben zu tun. Wahrer Reichtum erwächst aus dem Einsatz der eigenen Kräfte. Gib deine Wäsche nicht in die Wäscherei, sondern reinige sie selbst, das ist nicht nur billiger, sondern auch besser für dich selbst. Kümmere dich um deine Welt, mit eigener Kraft und ganzem Einsatz. Der goldene Schlüssel zum Reichtum besteht in der Einsicht, daß du arm an materiellen Mitteln sein und dich trotzdem gut fühlen kannst, weil das Gefühl des Reichtums in dir selbst liegt. Das ist der Schritt zum Reichtum und zur Regentschaft im eigenen Leben: zu sehen, daß einem beides zuwächst, wenn man nur wahrhaft Mensch ist.

Dieser Zusammenhang ist nicht nur sehr interessant, sondern auch von größter Bedeutung für den Umgang mit den Problemen der Welt. Politik hat heute mehr und mehr einen überwiegend ökonomischen Hintergrund. Wo materielle Armut herrscht, möchte man von denen etwas haben, die mehr besitzen, aber die Besitzenden möchten nichts von ihrem Besitz hergeben, weil auch ein kleiner Verzicht schon die Angst vor drohender Armut in ihnen weckt. Angesichts dieser Mentalität beider Seiten kann man sich in der Tat kaum vorstellen, wie sich jemals etwas grundlegend ändern soll. Und wenn sich doch einmal etwas ändert, dann nur aufgrund von überschäumendem Haß, der in Gewalt mündet, weil beide Seiten erbittert an dem festhalten, was sie für wichtig halten.

Kein Zweifel, wenn man hungert, will man etwas zu essen und man braucht etwas zu essen. Die echten Bedürfnisse der Menschen sind jedoch manipulierbar, und das geschieht auch – skrupellos. Kriege aus Gier hat es in dieser Welt immer wieder gegeben. Die Reichen waren bereit, unzählige Menschenleben zu opfern, um ihren Besitz zu wahren, und die Armen scheuten sich nicht, ihre Mitmenschen für ein Stück Brot oder die Hoffnung auf ein paar Münzen in der Tasche umzubringen.

Mahatma Gandhi forderte sein Volk zum Gewaltverzicht auf, aber auch zum Verzicht auf fremdländische Gepflogenheiten, die für die Inder gleichbedeutend mit Reichtum und Wohlstand waren. Sie sollten ihr eigenes Tuch weben, anstatt Kleidung aus britischen Stoffen zu tragen, lautete sein Rat. Mit dieser Proklamation der Autarkie und Genügsamkeit wollte Gandhi seinem Volk zu einem Leben in Würde verhelfen – einer Würde, die nicht auf materiellem Reichtum, sondern auf dem inneren

Sein des Menschen beruhen sollte. Wir dürfen Gandhis Aufruf zur Gewaltfreiheit, die er Satyagraha, wörtlich «das Ergreifen der Wahrheit», nannte, jedoch nicht als Aufforderung zu extremer Askese interpretieren. Um den inneren Reichtum zu finden, braucht man nicht aller materiellen Besitztümer und Vorhaben zu entsagen.

Die Shambhala-Tradition lehrt uns, daß das Beste im menschlichen Leben unter ganz gewöhnlichen Umständen verwirklicht werden kann. In dieser Welt, so wie sie ist, können wir ein gutes und sinnvolles Leben führen, das auch anderen nützt. Darin besteht unser wahrer Reichtum. In einer Zeit, in der die Welt vom nuklearen Untergang bedroht ist und Hunger und Armut für viele Millionen Menschen die tägliche Wirklichkeit sind, bedeutet Regentschaft im eigenen Leben den Entschluß zu einem Dasein als ganz normaler, aber wahrhaft menschlicher Bewohner dieser Erde. Genau das beinhaltet das Bild der Kriegerschaft im Alltag.

Wie können wir nun Reichtum und Regentschaft in unserem normalen Leben praktisch verwirklichen? Wenn ein Krieger die Grundprinzipien der Würde und Sanftheit erst einmal zutiefst erfaßt hat, wenn er das Drala-Prinzip und die Ordnung von Lha, Nyen und Lu erfahren hat, muß er sich mit dem Aspekt des Reichtums in seinem Leben befassen. Reichtum beginnt damit, daß du das grundlegende Gutsein in dir selbst ans Licht bringst und nach außen leuchten läßt. Dieses Gutsein zeigt sich in der Art, wie du dich kämmst, wie du dich kleidest, wie dein Wohnzimmer aussieht – in allem, was deine unmittelbare Welt ausmacht. Von da aus können wir weitergehen und das entdecken, was in der Shambhala-Tradition als «die sieben Reichtümer des universalen Monarchen» (von dem im nächsten Kapitel die Rede sein wird) bezeichnet wird. Das sind sehr alte Kategorien, die zuerst in Indien zur Beschreibung der

Eigenschaften eines Herrschers dienten. In unserem Zusammenhang geht es um die persönliche Verwirklichung dieser Eigenschaften.

Der erste Reichtum eines Herrschers ist seine Königin. Die Königin – für uns die Ehefrau oder der Ehemann – ist Sinnbild dafür, daß in deinem Haushalt alles seine rechte Ordnung hat. Wenn du mit jemandem dein Leben teilst, deine guten und schlechten Seiten, findest du eher den Mut, nichts mehr zu verstecken, sondern dich so zu zeigen,wie du bist. Ein Shambhala-Mensch muß jedoch nicht unbedingt verheiratet sein – auch alleinstehend kann man ein Krieger sein. Man ist sich selbst ein Freund, hat aber auch noch einen Kreis anderer Freunde. Es kommt vor allem darauf an, Anstand und Vernunft in allen Beziehungen walten zu lassen.

Der zweite Reichtum des universalen Monarchen ist der Minister. Der Minister ist Sinnbild des loyalen Beraters. Ein Minister, also ein Freund, der dir mit Rat zur Seite steht, sollte unergründlich sein. Das heißt aber nicht, daß Freunde verschlagen oder schwer einzuschätzen sein sollen, sondern daß sie im Gegenteil nichts «im Schilde führen», das ihre Freundschaft mit dir überschattet. Ihr Rat und ihre Hilfe sind unvoreingenommen.

Der dritte Reichtum ist der General, der für Furchtlosigkeit und Schutz steht. Der General ist auch ein Freund, und zwar ein furchtloser Freund, der rückhaltlos zu dir steht und stets das tut, was die Situation gerade erfordert. Ein General ist ein Freund, der nicht nur Rat gibt, sondern sich wirklich um dich kümmert.

Der vierte Reichtum ist die Stute, das Reitpferd. Die Stute ist Symbol für deine Bereitschaft, dich in jeder Situation voll einzusetzen. Du verfällst nicht der Trägheit, sondern gehst vorwärts und stellst dich allen Situationen deines Lebens.

Der fünfte Reichtum ist der Elefant, Symbol der Standfestigkeit. Die Winde der Täuschung und Verwirrung können dich nicht umherwirbeln – du bist standfest wie ein Elefant. Ein Elefant steht aber nicht bloß standfest herum wie ein Baum, sondern bewegt sich auch. In der Bewegung bleibst du also stets fest und sicher – wie auf dem Rücken eines Elefanten.

Der sechste Reichtum des Herrschers ist das wunscherfüllende Juwel, Symbol der Großzügigkeit. Du hältst nicht an dem Reichtum fest, den du mit den anderen Prinzipien gewonnen hast, sondern läßt los und gibst – aufgeschlossen, offen und humorvoll.

Der siebente Reichtum ist das Rad. Nach der Überlieferung hält der Herrscher des ganzen Universums ein goldenes Rad in der Hand, während der Regent der Erde ein eisernes Rad erhält. Die Könige von Shambhala sollen eiserne Räder gehabt haben, weil sie Herrscher dieser Erde waren. Für uns bedeutet das Rad Herrschaft über unsere Welt. Du nimmst deinen Platz im Leben ohne Vorbehalt und in der richtigen Haltung ein, so daß alle Prinzipien zusammenwirken können, um Reichtum und Würde deines Lebens zu fördern.

Die Anwendung dieser sieben Prinzipien des Reichtums ermöglicht uns den richtigen Umgang mit unserer unmittelbaren Umwelt. Du hast einen Mann oder eine Frau und wirst durch diesen Partner in deiner Lauterkeit bestärkt. Du hast gute Freunde, die dich beraten, und du hast Beschützer, die dich furchtlos lieben und zu dir stehen. Du begibst dich mit vollem Einsatz auf deine Reise und an deine Arbeit – das ist deine Stute. Du reitest stets auf deiner Energie, und niemals gibst du irgend etwas resignierend auf. Zugleich mußt du dabei aber auch erdhaft und standfest wie ein Elephant sein. Und wenn du all das hast, sonnst du dich nicht einfach in deinem Reichtum, sondern wirst großzügig gegenüber anderen, wie ein wunscherfüllendes Juwel. Erst dadurch regierst du dein Leben ganz, bekommst das Rad der Herrschaft. Das alles zusammengenommen, ist «erleuchtete Haushaltsführung».

Du fühlst jetzt, daß dein Leben ganz zu seiner ureigenen Form gefunden hat. Unaufhörlich scheint ein goldener Regen zu fallen. Du gewinnst ein Gefühl der Festigkeit, Einfachheit und Geradlinigkeit, zugleich aber auch ein Gefühl der Sanftheit und Offenheit – als hätte sich eine wunderschöne Blüte glückverheißend in deinem Leben geöffnet. In allem, was du tust, ob du annimmst oder ablehnst, öffnest du dich dem Schatz der Shambhala-Weisheit. Wo Harmonie ist, nur darauf kommt es an, da ist auch Reichtum. Es mag Situationen geben, wo du ohne einen Pfennig dastehst, aber das ist kein Problem. Du bist jetzt für immer reich.

Wer die Probleme der Welt lösen will, muß zuerst den eigenen Haushalt, das eigene persönliche Leben in Ordnung bringen. Das ist für manchen schwer einzusehen. Viele Menschen haben den echten Wunsch, über ihr eigenes festgefahrenes Leben hinauszugehen, um der Welt zu helfen. Doch wenn man damit nicht bei sich zu Hause anfängt, *muß* es ein Fehlschlag werden. Wenn das eigene Leben, die unmittelbare Umwelt in Ordnung gebracht ist, wird der nächste Schritt sich ganz natürlich ergeben. Wo das nicht geschieht, wird man nur das Chaos der Welt vergrößern.

Dritter Teil:

Authentische Gegenwart

Dem würdigen Shambhala-Menschen dämmert der
  Morgen
einer niemals schwindenden authentischen Gegenwart

19. Der universale Monarch

Aus dem Kokon in den Raum hinauszutreten, mutig und zugleich
sanft zu sein – das ist die Herausforderung der Kriegerschaft.

Im zweiten Teil dieses Buches haben wir darüber gesprochen, wie wir Drala, das Magische, entdecken können und wie diese Entdeckung uns befähigt, unser Dasein in eine Manifestation der heiligen Welt zu verwandeln. All diese Lehren basieren zwar auf sehr einfachen und gewöhnlichen Erfahrungen, doch diese neue Perspektive kann trotzdem zunächst überwältigend sein, so als stünde man einer monumentalen Weisheit gegenüber. Und gewiß wird es zur Verwirklichung der Kriegerschaft noch manche Fragen geben.

Wie findet man den Mut, dem Pfad des Shambhala-Kriegers zu folgen – einfach durch persönliche Willensanstrengung? Oder soll man sich einfach vorstellen, daß man die Große Östliche Sonne sieht, und dann inständig hoffen, daß das, was man sieht, ES ist? Beides funktioniert nicht. Schon manch einer hat versucht, im Hauruck-Verfahren ein Krieger zu werden. Damit stürzt man sich nur in noch tiefere Verwirrung und legt immer neue Schichten von Feigheit und Unfähigkeit frei. Wenn es unterwegs keine Freude gibt, wenn die Erfahrung des Magischen fehlt, steuert man schnurstracks auf die hohe Mauer des Wahnsinns zu.

Auf dem Weg des Kriegers kommt man mit amateurhaften Versuchen und mit der Hoffnung, sich eines Tages zum Profi zu mausern, nicht weiter. Man kann Kriegerschaft nicht nach*machen*; man kann nur wirklichen Kriegern, die den Weg schon weit genug gegangen sind, nach*eifern*. Auf diesem Weg des Nacheiferns durchläuft der Krieger-Schüler viele Stadien disziplinierter Schulung und blickt sich dabei immer wieder nach seinen eigenen Spuren um. Manchmal findet er dabei Zeichen der Entwicklung, manchmal aber auch Zeichen, die ihm sagen, daß er auf dem Holzweg ist. Nur so kommt man auf dem Pfad des Kriegers voran.

Die Erfüllung der Kriegerschaft liegt in der Erfahrung des ursprünglichen, unbedingten elementaren Gutseins. Diese Erfahrung entspricht dem Zustand der völligen Verwirklichung der Ichlosigkeit, der reinen, bezugspunktlosen Wahrheit. Die Erfahrung der Bezugspunktlosigkeit kann sich jedoch erst nach intensiver Arbeit mit den vielen Bezugspunkten des Lebens einstellen. Mit Bezugspunkten meinen wir hier einfach alle Umstände und Situationen, vor die wir uns auf unserer Reise durchs Leben gestellt sehen: Wäsche waschen, Frühstück, Mittag-, Abendessen, Rechnungen bezahlen. Die Woche fängt mit Montag an, und dann kommen Dienstag, Mittwoch, Donnerstag, Freitag, Samstag und Sonntag. Man steht um sechs Uhr auf, der Vormittag vergeht, und es wird Mittag, Nachmittag, Abend und schließlich Nacht. Man weiß, wann man aufzustehen hat, wann man duscht, wann man zur Arbeit geht, wann man ißt und wann man zu Bett geht. Selbst beim schlichten Teetrinken spielen viele Bezugspunkte eine Rolle. Du schenkst den Tee ein, nimmst einen Löffel Zucker, führst ihn zur Tasse hin, senkst ihn hinein und rührst um; du legst den Löffel ab, nimmst die Tasse am Henkel und hebst sie an den Mund; du trinkst einen

Schluck Tee und setzt die Tasse wieder ab. All das sind einfache, alltägliche Bezugspunkte, an denen wir uns auf unserer Reise durchs Leben orientieren.

Solche Bezugspunkte gibt es auch im emotionalen Bereich. Du hast Liebesabenteuer, du hast Streit, manchmal langweilst du dich und greifst zur Zeitung oder schaltest den Fernseher ein. All diese Stimmungslagen sind Bezugspunkte in deinem Leben.

Kriegerschaft beginnt damit, all diese Vorgänge, diese alltäglichen Bezugspunkte zunächst einmal ganz anzunehmen und wertzuschätzen. Doch dann, wenn du mit den gewöhnlichen Umständen deines Lebens richtig in Kontakt gekommen bist, wirst du vielleicht eine schockierende Entdeckung machen. Während du deine Tasse Tee trinkst, taucht plötzlich das Gefühl auf, daß du in einem Vakuum Tee trinkst. Es ist nicht einmal *du*, der da Tee trinkt. Die Leerheit des Raums trinkt den Tee. Während einer ganz normalen Verrichtung, die normalerweise einen Bezugspunkt darstellt, kann sich also unvermittelt die Erfahrung der Bezugslosigkeit einstellen. Wenn du Hose und Hemd anziehst, fühlt es sich so an, als würdest du Raum bekleiden. Beim Schminken das Gefühl, daß du Raum verschönerst, ein reines Nichts.

Normalerweise stellen wir uns «Raum» als etwas Leeres oder gar Totes vor. In diesem Fall ist Raum jedoch eine weite Welt, die aufnehmen, annehmen und beherbergen kann. Man kann diesen Raum schminken, man kann Tee mit ihm trinken, Kekse mit ihm essen oder die Schuhe in ihm putzen. Es ist etwas da, zweifellos, doch wenn du es anschaust, findest du nichts. Willst du den Finger daraufgelegen, so stellst du fest, daß du nicht einmal einen Finger dazu hast! Das ist das ursprüngliche Wesen des grundlegenden Gutseins, das dem Menschen ermöglicht, ein wirklicher Krieger zu werden.

Ein Krieger, das ist im Grunde jemand, der keine Angst vor Raum hat. Der Feigling lebt dagegen in ständigem Grauen vor dem Raum. Wenn er allein im Wald ist und keine Geräusche zu hören sind, glaubt er, daß irgendwo Gespenster lauern. In der Stille beschwört er selbst alle möglichen Ungeheuer und Dämonen in sich herauf. Er hat Angst vor der Dunkelheit, weil er da nichts sieht. Er hat Angst vor der Stille, weil er da nichts hört. Feigheit macht durch erfundene Bezugspunkte aus dem Unbedingten Angstsituationen. Der Krieger läßt das Unbedingte, wie es ist, und färbt es nicht mit irgendwelchen Vorstellungen, interpretiert es weder positiv noch negativ.

Die Sonnenuntergangswelt hat Angst vor dem Raum, Angst vor der Wahrheit der Bezugspunktlosigkeit. In dieser Welt fürchtet man nichts so sehr, wie verwundbar zu sein. Man hat Angst, sich der Welt mit Haut und Haaren auszusetzen. Man hat Angst, den Rahmen von Bezugspunkten zu verlassen, die man selbst gesetzt hat. Es ist eine Welt des absoluten Glaubens an die einmal gesetzten Bezugspunkte. Hier öffnen sich die Menschen nicht, denn das käme ihnen so vor, als würden sie eine offene Wunde Krankheitskeimen aussetzen. Vielleicht lauert auch in der Nähe ein hungriger Vampir, und wenn der das Blut riecht ... Die Sonnenuntergangswelt lehrt, daß man Fleisch und Blut stets schützen muß, daß man am besten dauernd eine Rüstung trägt. Aber wovor schützt man sich hier wirklich? Vor dem *Raum*.

Wem es gelingt, sich vollständig zu verbarrikadieren, der wird sich vielleicht einigermaßen sicher fühlen, aber auch entsetzlich einsam sein. Und das ist nicht das Alleinsein des Kriegers, sondern die Einsamkeit des Feiglings – die Einsamkeit des Kokons, des Ausgeschlossenseins von wahrhaft menschlichem Empfinden. Man weiß irgendwann nicht mehr, wie die Rüstung abzulegen ist. Man weiß nicht mehr, wie man ohne all die Bezugspunkte der Sicherheit überhaupt noch zurechtkommen soll. Aus dem Kokon in den Raum hinauszutreten, mutig und zugleich sanft zu sein – das ist die Herausforderung der Kriegerschaft. Es ist möglich, sich ganz und gar, mit allen wunden Punkten, der Welt auszusetzen.

Wenn man eine Wunde hat, klebt man normalerweise ein Pflaster darüber. Nach einer Weile nimmt man es wieder ab und setzt die geheilte Stelle der Umwelt aus. In diesem Fall exponiert man eine offene Wunde, bedingungslos. Man ist gegenüber allen Menschen, denen man begegnet – ob es der Ehepartner, ein Bankangestellter oder der Vermieter ist – vollkommen offen und ungeschützt.

Wenn das der Fall ist, wird eine Geburt stattfinden, die Geburt des universalen Monarchen. Die Shambhala-Tradition beschreibt den Monarchen als jemanden, der ganz ungeschützt und empfänglich ist, der bereit ist, anderen sein Herz zu öffnen. So wirst du ein König oder eine Königin, Herrscher deiner Welt. Der Weg zur Regentschaft besteht darin, das eigene Herz bloßzulegen, so daß andere sehen können, wie es schlägt und das Blut durch deine Adern treibt.

Normalerweise stellen wir uns unter einem König jemanden vor, der andere nicht an sich heranläßt und ein Reich um sich her aufbaut, um vor allem sich selbst gegen die Welt abzusichern. Hier meinen wir genau das Gegenteil: sich anderen Menschen zu öffnen, um das Wohl der Menschheit zu fördern. In der Shambhala-Welt rührt die Macht des Königs daher, daß er sehr weich, sehr offen für andere ist und sein Herz mit ihnen teilt. Er hat nichts zu verbergen und trägt keine Rüstung. Nichts schützt sein bloßgelegtes Herz vor der Unmittelbarkeit seiner Erfahrung.

Das ist die Erfüllung der Kriegerschaft, die tiefe Erfahrung ursprünglichen, grundlegenden Gutseins. Hier gibt es keinen Zweifel mehr über das grundlegende Gutsein und deshalb auch nicht über dich selbst. Du bietest dich völlig nackt dem Universum dar und fragst nicht mehr: «Bin ich zu nackt? Soll ich lieber eine zweite Haut anziehen?» Hier gibt es keinen Raum mehr für solche Gedanken. Du hast nichts zu verlieren und nichts zu gewinnen – also öffnest du einfach dein Herz vollkommen rückhaltlos.

Kalligraphie «Authentische Gegenwart»
von Chögyam Trungpa

20. Authentische Gegenwart

An diesem Punkt der Reise ringt der Krieger nicht mehr ständig um den nächsten Schritt, sondern hat nichts weiter zu tun, als in seiner Kriegerschaft zu verweilen. Er kann sich darin entspannen, und das hat nichts mit Selbstgefälligkeit angesichts seiner Errungenschaften zu tun, sondern ist einfach ein Ruhen in bedingungslosem Vertrauen, frei von Aggression. Der Weg entfaltet sich wie eine Blüte – ein natürlicher Expansionsprozeß.

Der universale Monarch wird geboren, wenn der Krieger «authentische Gegenwart» verwirklicht hat. Das tibetische Wort für diesen Ausdruck ist *Wangthang*, was wörtlich soviel wie «Kraftfeld» bedeutet. Da wir mit diesem Wort hier jedoch ein spezifisch menschliches Vermögen ansprechen, übersetzen wir es frei als «authentische Gegenwart». Der Ausdruck beinhaltet, daß alle wertvollen Eigenschaften, die wir in uns verwirklichen, sich in unserem ganzen Sein, in unserer Präsenz oder Gegenwart widerspiegeln. Authentische Gegenwart hat also etwas mit Ursache und Wirkung zu tun: Die verwirklichten Tugenden oder Verdienste sind die Ursache, authentische Gegenwart ist die Folge.

Es gibt eine gewöhnliche oder äußere Form authentischer Gegenwart, die jeder von uns erfahren kann. Wenn ein Mensch bescheiden und redlich ist und sich Mühe gibt, wird er für andere in seiner Umgebung etwas Gutes und Gesundes ausstrahlen. Der tiefere Sinn authentischer Gegenwart erschließt sich jedoch erst auf dem Weg der Shambhala-Kriegerschaft. Für die innere authentische Gegenwart genügt es nicht, ein redlicher, guter Mensch im gewöhnlichen Sinn des Wortes zu sein, sondern man muß den ursprünglichen Raum, die Ichlosigkeit verwirklichen. Leerwerden und Loslassen sind die Tugenden oder Ursachen, die zu dieser tieferen authentischen Gegenwart führen. Man darf an nichts mehr haften, man tauscht sich mit anderen aus, fühlt sich eins mit ihnen, ist in allen Beziehungen großzügig und frei von Fixierungen. Man muß also einen freien, an nichts mehr haftenden Geist haben, wenn man die tiefere authentische Gegenwart erfahren will.

Wenn wir einem Menschen begegnen, der in dieser tiefen authentischen Gegenwart lebt, so erfahren wir ihn als überwältigend, fast erschreckend echt und aufrichtig. Etwas Beherrschtes und Beherrschendes strahlt von solch einem Menschen aus. Er kann Müllmann oder Taxifahrer sein, hat dabei aber etwas so Aufgerichtetes an sich, daß er unsere Aufmerksamkeit wie ein Magnet anzieht. Das ist nicht bloßes Charisma. Dieser Mensch hat an sich gearbeitet, er ist seinen Weg richtig und ganz gegangen. Er hat losgelassen, seinen persönlichen Komfort aufgegeben, seinen Geist von allen Fixierungen befreit und sich dadurch die authentische Gegenwart verdient.

Authentische Gegenwart ist das Ergebnis zweier stets zusammenwirkender Prozesse, nämlich des allmählichen Loslassens von Ichverhaftungen im Verlauf eines langen Entwicklungsprozesses und der plötzlichen, wunderbaren Lösung von geistigen Fixierungen. Der spontane, plötzliche Prozeß ist die Entfesselung von Windpferd oder Lungta, bei der die Energie des grundlegenden Gutseins sich zu einem Wind der Freude und Kraft erhebt. Wie die Praxis, die zur Entfesselung von Windpferd führt, aussieht, können wir im Rahmen dieses Buchs nicht im einzelnen darstellen; nach allem, was wir über Windpferd gesagt haben, hoffe ich aber, daß der Leser sich zumindest grundsätzlich vorstellen kann, worum es dabei geht. Die Entfesselung von Windpferd ist eine Möglichkeit, Depression und Zweifel auf der Stelle auszuräumen. Das ist kein Exorzismus, sondern ein Vorgang, der Furchtlosigkeit und Mut weckt, die wiederum heitere Gelassenheit nach sich ziehen. Zweifel und Zaghaftigkeit weichen durch diese Praxis einer vollkommenen geistigen Wachheit. Wenn Lungta entfesselt ist, stellt sich die authentische Gegenwart ein.

Anfangs erfahren wir nur ein kurzes Aufblitzen der authentischen Gegenwart, Augenblicke, die es dann mit Hilfe von Disziplin zu stabilisieren gilt, bis wir wahrhaft gegenwärtig sind. Diesen disziplinierten Entwicklungsprozeß des Kriegers bezeichnen wir als den Pfad der *vier edlen Tugenden*. Auf diesem Pfad lernen wir, mehr und mehr Raum in unsere Welt einzubeziehen, so daß schließlich die Geburt des universalen Monarchen möglich wird. Je weiter unsere Welt wird, desto deutlicher zeigt sich, wie abwegig ein ichbezogenes Dasein ist. Der Weg der vier edlen Tugenden ist demnach auch ein Weg zur Ichlosigkeit. Die vier edlen Tugenden sind *sanftmütig, munter, unerhört* und *unergründlich*. Jeder Mensch kennt diese Tugenden in irgendeiner Form. Sanftmütigkeit bezeichnet eine demütige und gütige Verfassung, während mit Munterkeit frische und jugendliche Energie gemeint ist. Das Unerhörte steht für Wagemut und die Bereitschaft, sich ohne Furcht und Hoffnung auf alle Situationen des Lebens einzulassen. Unergründlichkeit bezeichnet Erfüllung, ein spontanes Gelingen ohne alle Kunstgriffe.

Zwar kennt, wie gesagt, jeder diese Ausdrucksformen der Energie, doch solange man ihnen nicht mit Disziplin und Gewahrsein begegnet, gibt es keine wirkliche Fortentwicklung, und die vier edlen Tugenden verschwinden irgendwo zwischen unseren Gewohnheitsmustern, anstatt ein Weg zur Ichlosigkeit zu werden. Die vier edlen Tugenden müssen also in den Pfad der Kriegerschaft einbezogen werden. Sie bilden sogar ein fortgeschrittenes Stadium

dieses Weges. Der Krieger kann die vier edlen Tugenden erst verwirklichen, wenn er unerschütterliches Vertrauen zum grundlegenden Gutsein gefaßt hat und in der Erfahrung der heiligen Welt die Große Östliche Sonne widergespiegelt sieht. An diesem Punkt wird er mit einer Energiequelle verbunden, die sich nie erschöpft, mit der Energie von Windpferd, die seinen Weg zu einer Reise der Kraft macht. Windpferd ist die Energie der vier edlen Tugenden, und authentische Gegenwart ist das Fahrzeug.

Das mag etwas verwirrend anmuten: Einerseits sind die vier edlen Tugenden das, woraus sich die authentische Gegenwart entwickelt, andererseits ist authentische Gegenwart die Voraussetzung für den Weg der vier edlen Tugenden. Um diesen scheinbaren Widerspruch aufzulösen, können wir sagen, daß Ichlosigkeit sowohl der tragende Grund als auch die Erfüllung dieser Reise ist. Wir haben irgendwo bereits ein tiefes Empfinden davon, was es heißt, von sich selbst loszulassen, sonst könnten wir die Reise der Kriegerschaft gar nicht erst antreten. Wenn wir dann aber wirklich und bewußt loslassen, stellen wir fest, daß eine weit umfassendere Sicht und ein ebenso weiter Geist in uns Platz haben. Ichlosigkeit ist also für die ganze Reise das Leitmotiv allumfassender Weite. An diesem Punkt der Reise ringt der Krieger nicht mehr ständig um den nächsten Schritt, sondern hat nichts weiter zu tun, als in seiner Kriegerschaft zu verweilen. Er kann sich darin entspannen, und das hat nichts mit Selbstgefälligkeit angesichts seiner Errungenschaften zu tun, sondern ist einfach ein Ruhen in bedingungslosem Vertrauen, frei von Aggression. Der Weg entfaltet sich wie eine Blüte – ein natürlicher Expansionsprozeß.

Der Krieger der Sanftmütigkeit

Sanftmütigkeit ist die erste Tugend. Gemeint ist damit natürlich nicht schwächliche Weichheit, sondern das Ruhen in einem Zustand der Einfachheit, Unkompliziertheit und Zugänglichkeit. Wie feindselig oder freundlich andere auch sein mögen, der sanftmütige Krieger bleibt stets freundlich gegenüber sich selbst und gütig gegenüber anderen. Sein Geist ist nicht von gewöhnlichen Belangen in Anspruch genommen, und er läßt sich nie von trivialen Situationen verführen. Sein Gewahrsein bewahrt ihn vor allem Handeln, das ihm die Große Östliche Sonne verdunkeln würde. Er bleibt stets sanftmütig und diszipliniert.

Das Prinzip der Sanftmütigkeit hat drei Ebenen. Die erste Ebene beinhaltet, daß der Krieger nie von Hochmut verblendet und vergiftet wird, weil er stets bescheiden bleibt. Bescheidenheit bedeutet nicht, daß er sich für klein hält, sondern ist die Empfindung seiner Echtheit und Lauterkeit. Der Krieger ist sich selbst genug, er braucht keine äußeren Bezugspunkte, die ihn bestätigen. Die Bescheidenheit bringt ein Strahlen zum Vorschein: Er ist sich selbst genug, aber leuchtet nach außen. Sein Gewahrsein strahlt als große Wißbegierde nach außen, als tiefes Interesse an allem, was ihn umgibt. Er beginnt die Dinge als natürliche, eigenständige Botschaften zu betrachten, nicht mehr als Bezugspunkte für sein eigenes Dasein. Die Wißbegierde des Kriegers der Sanftmütigkeit unterscheidet sich von gewöhnlicher Wißbegierde dadurch, daß sein Gewahrsein stets mit Disziplin verbunden ist. Deshalb übersieht er nichts, nimmt alle Details wahr. Solch diszipliniertes Gewahrsein ebnet den Boden für die Erfahrung der großen Welt.

Die zweite Ebene der Sanftmütigkeit ist das bedingungslose Vertrauen. Das Bild dieser Sanftmütigkeit ist ein Tiger in der Zeit seiner höchsten Kraftentfaltung, der langsam und wachsam durch den Dschungel streicht. Er sucht nicht nach Beute. Er schleicht nicht, um andere Tiere anzufallen. Mit dem Bild des Tigers ist hier eine Mischung aus Selbstgenügsamkeit und Bescheidenheit angesprochen. Und weil der Tiger seinen Körper und dessen Spannkraft genießt, ist seine Bewegung rhythmisch und entspannt. Keine Probleme, von der Nase bis zur Schwanzspitze. Seine Bewegungen sind wie Wellen, er schwimmt durch den Dschungel. Seine Wachsamkeit ist gepaart mit Entspannung und Selbstvertrauen. Für den Krieger der Sanftmütigkeit ist Vertrauen ein natürlicher Zustand des Gewahrseins und der Achtsamkeit in allem, was er tut.

Die dritte Ebene der Sanftmütigkeit besteht darin, daß der Geist des Kriegers ungeheuer weit wird, weil er kein Zögern mehr kennt. Sein Geist ist erhoben und sieht über die Grenzen des Himmels hinaus. Weite des Geistes bedeutet nicht, daß man eine große Zukunft vor sich sieht, in der man «munter», «unerhört» und «unergründlich» sein wird, um schließlich der größte aller Krieger zu werden. Weite des Geistes besteht darin, daß man die Großartigkeit des eigenen Platzes in der Welt sieht. Das beinhaltet, daß man keinen Gedanken mehr an die Frage nach dem eigenen Bewußtseinszustand verschwendet noch an die Shambhala-Vision oder die Große Östliche Sonne. So werden sowohl Ehrgeiz, als auch das Gefühl der geistigen Armut überwunden. Auch das Ausstrahlen der Erfahrung von Drala trägt zur Weite des Geistes bei. Der Krieger springt in den großen Ozean des Magischen, und das mag schmerzhaft oder schön sein, es ist immer auch voller Freude.

Die Erfüllung der Sanftmütigkeit ermöglicht es dem Krieger, alles zu erreichen, was er anstrebt, weil er außerordentlicher Anstrengungen fähig ist. Seine Anstrengung hat jedoch nichts mit Hast, Aggression oder Gewalttätigkeit zu tun. Wie der Tiger im Dschungel ist er entspannt und kraftvoll zugleich. Er ist wißbegierig, dabei aber von diszipliniertem Gewahrsein, so daß er alles, was er beginnt, ohne Schwierigkeiten ausführt und andere in seiner Umgebung inspiriert, es ihm gleichzutun.

Der sanftmütige Krieger hat Gewinn, Sieg und Ruhm weit hinter sich gelassen. Er ist nicht mehr von der Bestätigung durch andere abhängig, weil er nicht mehr an sich selbst zweifelt. Zustimmung und Ablehnung berühren ihn nicht mehr, und deshalb braucht er anderen auch nicht mehr seinen Wert zu demonstrieren. Selbstachtung ist in der Sonnenuntergangswelt etwas sehr Seltenes. Aber wer Windpferd entfesselt hat, der fühlt sich gut und vertraut sich selbst. Und wer sich selbst achtet, der ist nicht mehr von Gewinn und Sieg abhängig. Er vertraut sich selbst und braucht sich nicht mehr vor anderen zu fürchten. Ein sanftmütiger Krieger hat es nicht nötig, andere mit Tricks zu hintergehen; seine Würde erleidet nie einen Abbruch.

Sanftmütigkeit sorgt also für einen weiten Blick und Selbstvertrauen. Mit dieser bescheidenen und pflichtbewußten Betrachtungsweise, die unbegrenzt ist, aber zugleich so präzise, daß ihr keine Einzelheit entgeht, beginnen die vier Tugenden. Am Anfang der Reise steht dieses natürliche Gefühl des Erfülltseins, das sich von nirgendwoher etwas erbetteln muß.

Der Krieger der Munterkeit

Das Bild der Munterkeit ist der Schneelöwe, der sich in der Frische des Hochgebirges tummelt. Er ist jung und strotzt vor Kraft und Lebenslust. Er durchstreift das Hochland, wo die Atmosphäre klar und die Luft frisch ist. Felsen und Klüfte sind seine Welt, dazwischen hin und wieder Blumenwiesen und ein paar Bäume. Etwas Gutes und Fröhliches liegt hier in der Luft. Munterkeit ist kein gelegentliches «Aufgekratztsein» durch irgendwelche Umstände, sondern un-bedingte Fröhlichkeit, die aus ständiger Disziplin erwächst. Der Krieger der Munterkeit läßt nie in seiner Disziplin nach und freut sich an seiner Disziplin – wie ein Schneelöwe. Für ihn ist Disziplin nichts Auferlegtes, sondern ein Vergnügen.

Munterkeit hat zwei Ebenen. Die erste ist gekennzeichnet durch die Erfahrungen eines erhobenen und freudigen Geistes. Freude ist hier ein Grundzustand, also durch nichts Bestimmtes verursacht. Grundlage dieser Freude ist die Sanftmütigkeit, die der Krieger bereits verwirklicht hat. Bescheiden, achtsam und strahlend, wie seine Sanftmütigkeit ist, bringt sie einen natürlichen Frohsinn mit sich. Der freudige Geist bewirkt, daß alles, was der

Krieger der Munterkeit beginnt, von Können, Schönheit und Würde geprägt ist.

Die zweite Ebene der Munterkeit besteht darin, daß der Krieger niemals in die Falle des Zweifels geht. Der Ur-Zweifel ist der Zweifel an sich selbst, der einsetzt, wenn Körper und Geist nicht in Einklang sind (siehe 5. Kapitel). Seine Folgen sind Angst, Eifersucht oder Hochmut oder gar die Verleumdung anderer aus mangelndem Selbstvertrauen. Der Krieger der Munterkeit ruht in dem Vertrauen, das ihm aus seiner Sanftmütigkeit erwächst. Er hat keine Zweifel und fällt daher nie in die sogenannten niederen Bereiche zurück. Die niederen Bereiche bezeichnen ein Leben, in dem es ausschließlich um das bloße Überleben geht. Die niederen Bereiche sind einerseits charakterisiert durch rein animalische Instinkte, ein Leben, in dem es einzig darauf anzukommen scheint, andere zu töten und zu fressen. Dann gibt es das Leben der Mangel-Mentalität, in dem man ständig nach irgend etwas hungert und sein Leben zu verlieren fürchtet. Die dritte Möglichkeit ist ein Dasein in ständigem innerem Aufruhr, in dem man sich mit seinem Verfolgungswahn selbst quält. Frei von Zweifeln und nie in seiner Disziplin nachlassend, ist der Krieger der Munterkeit frei von den niederen Bereichen und kann sich am Gutsein der höheren Bereiche freuen. In den höheren Bereichen sind Klarheit und Entschiedenheit die Hauptzüge des Lebens. Der Krieger ist stets hellwach und nie im Zweifel darüber, was anzunehmen und was abzulehnen ist.

Von der Sanftmütigkeit, die am Beginn der Reise steht, setzt sich der Weg fort zur Munterkeit. Der Krieger der Munterkeit gerät nie in die Ausweglosigkeit des Zweifels, sondern ist stets freudig und erfinderisch. Er wird nie zum Sklaven der niederen Bereiche und kennt daher weder Verwirrung noch Trübsinn. Das führt zu einem guten, gesunden Leben, in dem Geist und Körper miteinander im Einklang sind. Der Krieger der Munterkeit ist ebenso bescheiden wie aufgerichtet – und er verliert seine Jugend nie.

Der Krieger des Unerhörten

«Unerhört» heißt nicht, daß man unvernünftig sein oder sich wie verrückt gebärden soll, sondern bezeichnet hier die Kraft, die uns aus der Kriegerschaft erwächst. Unerhörtheit beruht auf der Verwirklichung von Furchtlosigkeit, und um alle Furcht ganz zu überwinden, muß man sich auch von aller Hoffnung befreien. Wenn man auf etwas hofft, und es tritt nicht ein, dann ist man enttäuscht oder verärgert. Tritt es aber doch ein, so ist man erleichtert und freudig erregt. So geht es ständig auf und ab, wie auf der Achterbahn. Der Krieger des Unerhörten kennt keinen Zweifel an sich selbst und braucht daher auf nichts zu hoffen und nichts zu fürchten. Er gerät nie in den Hinterhalt der Hoffnung, und so gelangt er zur Furchtlosigkeit.

Symbol des Unerhörten ist der *Garuda*, ein legendärer tibetischer Vogel, der in der Überlieferung als der König der Vögel angesehen wird. Der Garuda schlüpft voll ausgewachsen aus seinem Ei und schwingt sich auf in den Weltraum, wo er seine Schwingen über alle Grenzen hinaus dehnt und spreizt. Auch der Krieger des Unerhörten, der alle Hoffnung und Furcht überwunden hat, empfindet ein Gefühl grenzenloser Freiheit. Zum Unerhörten gehört also ein sehr weiter Geist, der die ganze Tiefe des Alls ausloten kann. Dieser Geist kennt nicht die Möglichkeit der Selbsteinschränkung, er weitet sich unaufhörlich, um sich ganz zu entfalten. Wie der Garuda-Vogel findet der Krieger des Unerhörten nichts, was seinem Geist Einhalt gebieten könnte.

Weil es keine Hindernisse gibt, hat der Krieger des Unerhörten gar nicht die Absicht, das All zu ermessen. Er sorgt sich nicht darum, wie weit er gehen kann und wie weit er sich zurückhalten muß. Er schielt nicht mehr nach Bezugspunkten, an denen er seinen Fortschritt ablesen kann. Er ist vollkommen entspannt. Unerhörtheit ist ein unermeßlich weiter Geist, der jenseits aller Vorstellungen vom Jenseitigen ist. Er ist wie ein scharfes Schwert, das nur stumpfer wird, sobald man es zu schärfen versucht. Wenn man der Erfahrung des weiten Geistes mit der Logik des Leistungs- und Konkurrenzdenkens beizukommen versucht – indem man sich herauszufinden bemüht, wieviel Raum man schon ausgelotet hat, wieviel noch auszuloten bleibt oder wieviel ein anderer ausgelotet hat –, so macht man nur das eigene Schwert stumpf. Es ist eitel und hinderlich, man erreicht nichts damit. Im Gegensatz dazu bezeichnet das Unerhörte ein Erreichen ohne alle Bezugspunkte, also ohne den Gedanken an einen Erreichenden.

Der Krieger des Unerhörten ist frei von Furcht und Hoffnung, und wie der Garuda-Vogel schwingt er sich auf ins All. Hier gibt es keine Furcht und nichts Unvollkommenes. Er erfährt die große Welt und den großen Geist. Zuvor muß er in seiner Schulung natürlich die Sanftmütigkeit und Munterkeit verwirklicht haben – nur dann kann er unerhört sein. Er empfindet auch großes Mitleid mit anderen. Seine Vision, durch nichts blockiert, weitet sich beständig und gibt ihm eine unerschöpfliche Fähigkeit, für andere zu arbeiten. Er hilft ihnen, indem er die Umstände schafft, die jeweils gerade erforderlich sind.

Der Krieger der Unergründlichkeit

Unergründlichkeit wird durch den Drachen symbolisiert. Seine Kennzeichen sind Energie, Kraft und Unerschütterlichkeit. Diese Eigenschaften stehen jedoch nie allein, nie ohne die Sanftmütigkeit des Tigers, die Munterkeit des Schneelöwen und die Unerhörtheit des Garuda.

Wir können die Unergründlichkeit auf zweierlei Weise betrachten, nämlich als Zustand und in ihren Ausdrucksformen. Der Zustand oder die Haltung, die wir als Unergründlichkeit bezeichnen, beruht auf Furchtlosigkeit. Normalerweise denkt man bei diesem Begriff an eine ausweichende oder total abweisende Haltung. Der Krieger des Unerhörten, der durch die früheren Stufen seiner Schulung Furchtlosigkeit erlangt hat, ist sanft und mitfühlend geworden; in dieser Haltung bleibt er zurückhaltend neutral und stets humorvoll. Dieser Seinszustand erinnert an einen Drachen, der sich am Himmel in Wolken und Wind wohlfühlt. Das ist allerdings kein statischer Zustand. Wie selbst eine starke Eiche sich im Wind wiegt, so gibt der Humor dem Menschen eine spielerische Leichtigkeit. Unergründlichkeit ist demnach sowohl ein methodischer als auch ein freudiger Zustand.

Nach der Überlieferung verbringt der Drachen den Sommer am Himmel und hält während des Winters in der Erde seinen Winterschlaf. Im Frühjahr erhebt er sich mit den Nebeln vom Boden. Ist ein Gewitter notwendig, so schnaubt er Blitze und brüllt den Donner hervor. Das gibt dem Verhalten des Drachen in all seiner Unvorhersagbarkeit auch wieder etwas Vorhersagbares.

Unerforschlichkeit bedeutet auch, im Selbstvertrauen zur Ruhe zu kommen, fest und zugleich entspannt zu sein. Man ist offen und furchtlos, frei von Verlangen und Zweifel, und zeigt zugleich ein waches Interesse an allen

Bewegungen der Welt. In dieser intelligenten Wachheit vertraut man sich selbst und ist sich selbst genug – es bedarf keiner Bestätigung von außen mehr. Man empfindet sich selbst als echten und aufrichtigen Menschen, der weder sich selbst noch andere täuscht.

Unergründlichkeit ist ein ungebrochener Zustand ohne Lücken und ohne Zögern. Man hat darin das Gefühl, wirklich zu leben, das eigene Leben wirklich zu *führen*; es ist ein Gefühl unerschütterlicher Festigkeit, in dem doch zugleich die Intelligenz immer weiter geschärft wird. Unergründlichkeit ist kontinuierlich, Fragen und Antworten treten in ihr zugleich auf. Und sie gibt niemals nach, man wird in ihr nie wankelmütig. Ist der Fortgang einer Unternehmung bedroht, so reagiert der Geist der Unergründlichkeit mit tödlicher Präzision, aber nicht aus Aggression, sondern aus unerschütterlichem Selbstvertrauen.

Betrachten wir nun den zweiten Aspekt, nämlich wie Unergründlichkeit im Handeln zum Ausdruck kommt. Das Wichtigste ist, unbeteiligt zu bleiben, sich nicht einer Sache zu verschreiben und trotzdem jedes begonnene Vorhaben konsequent durchzuführen. Man kann unbeteiligt sein, wenn man nicht mehr von Bestätigung abhängig ist. Das heißt nicht, daß man Angst davor hat, von den eigenen Aktivitäten aufgefressen zu werden – man fühlt sich einfach nicht mehr als Mittelpunkt der Szene. Dabei wahrt man jedoch jederzeit die Loyalität gegenüber anderen und verfolgt alle Projekte mit Sympathie für diese anderen.

Unergründlichkeit manifestiert sich als methodisches und weltgewandtes Vorgehen. Sie wird dadurch wirksam, daß wir die Wahrheit nicht aussprechen. Die Wahrheit bleibt stillschweigend im Handeln impliziert, und du beobachtest mit heimlichem Vergnügen, wie dieses Handeln Früchte trägt. Aber wozu die Wahrheit für sich behalten? Wenn du die Wahrheit aussprichst, verliert sie ihr Wesen und wird «meine» Wahrheit oder «deine» Wahrheit, sie wird zum Selbstzweck. Wenn du die Wahrheit aussprichst, verschleuderst du dein Kapital, und niemand hat etwas davon. Sie wird entwürdigt, wird billige Münze. Bleibt die Wahrheit aber impliziert, so wird sie nicht jedermanns Privateigentum.

Wenn der Drachen einen heftigen Schauer will, so macht er Blitz und Donner, und das bringt den Regen. Die Wahrheit wird in ihrem Zusammenhang hervorgebracht, nur dann wird sie eine machtvolle Wirklichkeit. So betrachtet, ist es wichtiger, die Spuren und Eindrücke der Wahrheit zu betrachten als die Wahrheit selbst. Die Wahrheit selbst braucht keinen Griff, an dem man sie fassen kann.

Die Vision der Unergründlichkeit ist es, eine geordnete und kraftvolle Welt voller sanfter Energie zu schaffen. Der Krieger der Unergründlichkeit hat es nicht eilig. Du beginnst ganz am Anfang und suchst einen Zündfunken. Um diesen Anfang auszubauen, schaffst du eine hilfreiche Umgebung, in der du deine Arbeit aufnehmen kannst. Du unterläßt alle voreiligen Schlußfolgerungen und entdeckst dadurch positive und negative Bedingungen. Jetzt findest du weitere Ansatzpunkte. Du klammerst dich nicht an das, was du hast, sondern arbeitest beharrlich weiter daran, günstige Bedingungen, eine günstige Umwelt, herzustellen, und gelangst so spielerisch zum nächsten Schritt. Wie erfrischend diese Vorgehensweise ist: Ein einmal eingeschlagener Aktionskurs muß nicht zentnerschwer auf dir lasten. Ein Krieger wird nie zum Sklaven seines eigenen Tuns.

Unergründlichkeit schafft also eine Umgebung der Furchtlosigkeit, Wärme und Aufrichtigkeit. Wo es am Interesse für die Welt, an der Würdigung der Welt fehlt, ist es schwer, Unergründlichkeit zu erlangen. Ängstlichkeit und Feigheit haben Depressionen zur Folge. Und wer keine

Freude empfindet, findet auch für Unergründlichkeit keinen Platz.

Durch authentische Gegenwart gelangen wir zu Sanftmütigkeit, Munterkeit, Unerhörtheit und schließlich zu Unergründlichkeit. All das ist natürlich nur durch disziplinierte Schulung zu erreichen, und die beginnt mit der richtigen Lebenseinstellung. Diese Einstellung muß nicht beinhalten, daß man die Welt für einen Vergnügungspark hält, aber es gehört doch Freude dazu und das Gefühl, ein gutes Leben zu führen. Schmerz und Depression, aber auch Vergnügen können Übungsmaterial sein. Ein Gefühl von Ganzheit und Gesundheit macht das Leben lebenswert; das Gefühl der Echtheit und Aufrichtigkeit bringt Vertrauen mit sich.

Unergründlichkeit ist ohne Berechnung. Es geht hier nicht darum, einen neuen Trick zu lernen oder irgendwen zu imitieren. Wenn du dich wohlfühlst, findest du zu einem wahrhaft gesunden Geisteszustand. Zur Unergründlichkeit gelangt man, indem man lernt zu sein. Man sagt, daß jeder Mensch die Anlage hat zu vertrauen. Wenn wir hier von Vertrauen sprechen, so meinen wir erleuchtetes Vertrauen – nicht *auf* irgend etwas vertrauen, sondern einfach *vertrauen*. Das ist ein bedingungsloses Vertrauen. Unergründlichkeit ist ein Funke, der sich jedem analytischen Schema entzieht. Jede Situation bedeutet eine Herausforderung und weckt das Interesse. Man agiert mit offenem Geist und direkt. Es ist ein Handeln, das sich spontan und natürlich entwickelt, ein Handeln in Freude.

Unergründlichkeit erwächst aus dem Geben, nicht aus dem Nehmen. Wenn wir geben, sind die Dinge uns ganz von selbst zu Diensten – so erobert ein Krieger die Welt. In dieser Großzügigkeit liegt die Befreiung von allen Hemmnissen und damit die Möglichkeit der Entspannung.

Ein Krieger braucht sich nicht voranzukämpfen, das ist nicht der Stil der Unergründlichkeit. Ein Krieger-Schüler kann auch mal ungeduldig sein oder sich unzulänglich fühlen. In dem Fall muß er für sich selbst unergründlich sein. Man beginnt am besten damit, daß man den eigenen Impulsen nicht mehr einfach nachgibt. Wenn der Krieger Hierarchie und Ordnung in der Welt zu empfinden beginnt, so ist damit ein erster Durchbruch geschafft. Die verrammelte Welt mit ihrer Armuts-Mentalität bricht auseinander, und in dem Gefühl einer neugewonnenen Freiheit bildet sich in uns ein Sinn für natürliche Hierarchie – eine Hierarchie, von der wir selbst ein Teil sind. Unergründlichkeit wird unsere natürliche Daseinsweise, und in dieser Unergründlichkeit ist Platz für Achtung vor den Alten, Sympathie für unseresgleichen, Vertrauen zu Kollegen. Das Lernen ist kein Kampf mehr, und Hindernisse werden überwunden.

Wenn wir von Hierarchie sprechen, meinen wir die Struktur und Ordnung des Universums – sie stellen ein Erbe dar, das der Krieger annehmen und wertschätzen muß. Doch das genügt noch nicht. Es muß noch Disziplin hinzukommen, und diese Disziplin erwächst aus der Erkenntnis, daß diese Welt für dich geschaffen wurde, daß Menschen ihre Kraft aufgewendet haben, um dich großzuziehen, daß du in Augenblicken der Schwäche Hilfe gefunden hast und daß dir, als schließlich deine Zeit kam, inspiriert zu werden, diese Inspiration zuteil wurde. Kurz gesagt, die Disziplin aufrichtiger Arbeit für andere erwächst aus dem rechten Verständnis für Hierarchie.

Die Unergründlichkeit ist strahlend und furchtlos, weil sich der Krieger von seiner Vision der Großen Östlichen Sonne leiten läßt. Mit vollem Einsatz und in ungebrochener Freude kannst du dich selbst aufrichten und authentische Gegenwart erlangen, um schließlich in den Seinszustand des universalen Monarchen einzutreten. Öffne dich und gib furchtlos, dann trägst du dazu bei, eine machtvolle Welt von Kriegern zu schaffen.

21. Die Übertragungslinie der Shambhala-Lehre

Die Idee der Übermittlung oder Nachfolge in der Shambhala-Lehre bezieht sich auf die Verbindung, die man zur ursprünglichen Weisheit hat. Diese Weisheit ist uns zugänglich, und sie ist äußerst einfach, aber zugleich auch ungeheuer weit und tief.

Wenn einer den Weg der Kriegerschaft gehen will, muß er zuerst und vor allem die Echtheit und das grundlegende Gutsein in sich selbst verwirklichen. Um dann aber die Reise fortzusetzen zur authentischen Gegenwart und den vier Edlen Tugenden, braucht er einen Führer, einen Meisterkrieger, der ihm den Weg zeigt. Die Ichbezogenheit aufzugeben oder vom Ego loszulassen, ist nur möglich, wenn man ein lebendiges Vorbild hat – jemanden, der es schon getan hat und uns anleiten kann, es ihm nachzutun.

In diesem Kapitel werden wir von der Übertragungslinie der Shambhala-Lehre sprechen. Wir werden noch einmal ihren Ursprung aufzeigen und dann den Weg nachvollziehen, auf dem die Verwirklichung der vollkommenen geistigen Gesundheit dem einzelnen Menschen «übertragen» werden kann, so daß er sie zu verkörpern vermag und dann selbst in der Lage ist, auch andere zu dieser Verwirklichung zu führen. Wir werden also in diesem Kapitel über die Eigenschaften des Meisterkriegers sprechen und betrachten, wie ihm diese Eigenschaften übermittelt werden und wie er sie weitervermittelt.

Grundsätzlich soll mit dem Begriff «Übermittlung» oder

«Übertragungslinie» der Shambhala-Lehre zum Ausdruck gebracht werden, daß die Weisheit des kosmischen Spiegels ins menschliche Dasein übertragen und dort weitervermittelt werden kann. Rufen wir uns kurz ins Gedächtnis, was über den kosmischen Spiegel bereits gesagt wurde: Er ist un-bedingter, allumfassender offener Raum. Er ist ewig und grenzenlos offener Raum, Raum jenseits aller Fragen. Auf der Ebene des kosmischen Spiegels weitet sich die geistige Schau unermeßlich und transzendiert alle Zweifel. Vor allen Gedanken, vor dem Einsetzen des Denkens besteht die Aufnahmefähigkeit des kosmischen Spiegels, der keine Grenzen hat – weder eine Mitte noch einen Rand. Der Weg zur Erfahrung dieses Raums ist die sitzende Meditation.

Wie wir im 12. Kapitel dargestellt haben, bringt die Erfahrung des kosmischen Spiegels Weisheit hervor – die Weisheit einer weiten, tiefen und konfliktfreien Wahrnehmung, die wir *Drala* nannten. Es gibt verschiedene Ebenen der Drala-Erfahrung. Die ursprüngliche und höchste Ebene besteht darin, unmittelbar die Weisheit des kosmischen Spiegels zu erfahren. Wer diese Weisheit erfährt, ist in Kontakt mit dem Ursprung der Shambhala-Übermittlungslinie gekommen, er hat die Quelle der Weisheit erreicht.

Im ersten Kapitel haben wir über die Mythen und Legenden um das Shambhala-Reich und seine Könige gesprochen und erwähnt, daß manche Menschen glauben, Shambhala existiere immer noch in irgendeinem verborgenen Winkel der Erde, während andere es für eine bloße Metapher halten oder sogar glauben, es sei irgendwann zum Himmel aufgestiegen. Für uns ist das Königreich Shambhala, der Ursprungsort der Shambhala-Lehre, weder ein Himmelreich noch ein irdisches Königreich – aber doch etwas sehr Reales. Es ist der ursprüngliche Bereich des kosmischen Spiegels, der allen Menschen zugänglich ist, wenn sie ihren Geist entspannen und weiten. Die Herrscher von Shambhala, die Rigden-Könige, sind demnach die Bewohner des kosmischen Spiegels. Sie sind die ungeschaffenen und ewigen Manifestationen der Weisheit des allumfassenden Geistes, weshalb sie auch als das höchste Drala bezeichnet werden.

Dieses höchste Drala hat drei Merkmale. Erstens ist es ursprünglich, und das bedeutet nicht, daß es aus der Steinzeit stammt oder prähistorischen Ursprungs ist, sondern daß es stets einen Schritt vor oder jenseits von allem Denken und Denkbaren steht – also auch jenseits der Zeit. Das ist der Seinszustand der Rigden-Könige in ihrem Königreich des kosmischen Spiegels. Das zweite Merkmal ist Unwandelbarkeit. Es gibt keine Vorbehalte und Bedenken im Reich der Rigden-Könige. Bedenken sind Produkte eines schwankenden und unschlüssigen Geistes, der seiner eigenen Wahrnehmung nicht traut. Im Reich des kosmischen Spiegels gibt es dieses Schwanken nicht, er ist unwandelbar. Das dritte Merkmal des höchsten Drala ist Mut. Mut bedeutet, daß man keinerlei Zweifel nachgibt; in diesem Bereich ist kein Platz für irgendwelche Zweifel.

Wer also mit der Weisheit des kosmischen Spiegels in Berührung kommt, der begegnet den höchsten Dralas, den Rigden-Königen von Shambhala. Sie bilden den Hintergrund für alles menschliche Handeln, den offenen, unbedingten Raum des Geistes an sich. Man könnte sagen, sie wachen über die Menschheit und beschützen sie. Damit ist jedoch nicht gemeint, daß sie irgendwo in einem Himmelsreich wohnen und zur Erde herunterschauen.

Wenn die Verbindung zum höchsten Drala hergestellt ist, kann die ursprüngliche Weisheit der Rigden-Könige auf die Ebene der menschlichen Wahrnehmung übermittelt werden. Wie wir im 12. Kapitel gesagt haben, kann die ganze Weite und Tiefe der Wahrnehmung in einem einzigen, einfachen Wahrnehmungsakt, hier und jetzt, enthalten sein. Wenn wir diese Weite in unserer Wahrnehmung zulassen, manifestiert sie sich als Drala – leuchtend, strahlend, magisch. Auf diese Erfahrung aufbauend, begegnen wir den sogenannten inneren Dralas. Ihre Kraft beruht auf der Weisheit des kosmischen Spiegels, der Rigden-Könige, und sie durchtränken diese Welt der Phänomene mit Licht und Schönheit. Die inneren Dralas gliedern sich in eine Mutter-Linie und eine Vater-Linie. Die Mutter-Linie repräsentiert Sanftheit, während die Vater-Linie für Furchtlosigkeit steht. Sanftheit und Furchtlosigkeit sind die Grundqualitäten des inneren Drala. Wenn jemand wirklich in der Lage ist, in dieser Welt zu verweilen, wo es kein Annehmen und kein Ablehnen gibt und wo er Drala in allen Phänomenen erfährt, so werden Sanftheit und Furchtlosigkeit nie von ihm weichen.

Die dritte Qualität des inneren Drala ist Intelligenz oder unterscheidendes Gewahrsein, das Sanftheit und Furchtlosigkeit miteinander verbindet. Unterscheidendes Gewahrsein verwandelt normale Sanftheit in eine Erfahrung der heiligen Welt. Und Furchtlosigkeit wird unter dem Einfluß des unterscheidenden Gewahrseins mehr als bloßes Draufgängertum, nämlich die Verwirklichung von Schönheit und Erfüllung im Leben eines Menschen. Die dem unterscheidenden Gewahrsein eigene Präzision vereinigt Sanftheit und Furchtlosigkeit miteinander und schafft so die Welt des Kriegers, eine Welt grenzenloser und durchdringender Wahrnehmung.

Die Weisheit des höchsten und inneren Drala kann schließlich einem Menschen übermittelt werden. Indem er das Prinzip des kosmischen Spiegels, die Unbedingtheit, in sich verwirklicht und durch die strahlend klare Wahrnehmung der Wirklichkeit vollkommen wachruft, wird er selbst zu lebendigem Drala, lebendiger Magie. So gliedert man sich in die Übermittlungslinie der Shambhala-Kriegerschaft ein und wird ein Meisterkrieger: Man muß Drala nicht nur wachrufen, sondern *verkörpern*. Der Meisterkrieger verkörpert das äußere Drala-Prinzip.

Das Kennzeichen des Meisterkriegers besteht darin, daß seine Gegenwart die Erfahrung des kosmischen Spiegels und die Magie der Wahrnehmung in anderen wachruft. Er hat alle Dualität überwunden und lebt in vollkommener authentischer Gegenwart. Durch seine überwältigende Echtheit und Offenheit gibt er Krieger-Schülern den Anstoß, ihre Ichverhaftung zu überwinden.

Da dies vermutlich nicht ohne weiteres zu verstehen ist, sollten wir noch näher auf die Eigenschaften eines Meisterkriegers eingehen. Die Geburt des Meisterkriegers vollzieht sich im Bereich des kosmischen Spiegels, wo es weder Anfang noch Ende gibt – nur unendliche Weite. Seine Verwirklichung, sein Geisteszustand, ist nicht ausschließlich ein Ergebnis von Schulung und Philosophie. Er hat sich vielmehr vollkommen in die unbedingte Reinheit des kosmischen Spiegels fallenlassen und dadurch unbedingte Wachheit und Ichlosigkeit erfahren. Er hat ständig Zugang zu diesem unbedingten Raum und verfällt deshalb niemals der Verwirrung und Dumpfheit der Ichverhaftung. Er ist vollkommen wach. Die Energie des Meisterkriegers ist stets an das höchste Drala, an die grenzenlose Schau der Rigden-Könige angeschlossen.

Durch die vollkommene Identifikation mit dem Weisheits-Erbe der Rigden-Könige reifen in dem Meisterkrieger Liebe und tiefes Mitgefühl, die einfach darin bestehen, daß er in allen Dingen das grundlegende Gutsein zu erkennen vermag. Wenn er die Welt um sich her betrachtet, so *weiß* er, daß alle Menschen grundlegendes Gutsein «besitzen» und daß es ihr Geburtsrecht ist, zumindest ihre eigene

Echtheit zu verwirklichen. Und darüber hinaus kann in jedem einzelnen der universale Monarch geboren werden.

Der Meisterkrieger spürt, daß die Große Östliche Sonne ganz in sein Herz eingedrungen ist, so daß er jetzt ihr Licht ausstrahlt und es allen fühlenden Wesen sichtbar macht, die im Zwielicht des Sonnenuntergangs leiden. Er überschaut den ganzen Weg der Kriegerschaft und hat die Befähigung, anderen diesen Weg zugänglich zu machen – allen, die sich danach sehnen, diese kostbare Geburt als Mensch zu ihrer Erfüllung zu bringen.

Aufgrund seines tiefen Mitgefühls für alle Menschen ist der Meisterkrieger in der Lage, Himmel und Erde zu vereinigen. Wir können auch sagen: Die Kraft des Meisterkriegers vereinigt das Ideal des Menschseins mit dem Boden, auf dem der Mensch steht. Wenn das geschieht, beginnen Himmel und Erde miteinander zu tanzen, und die ewige Streitfrage, wer den besten Teil des Himmels und den schlechtesten Teil der Erde besitze, wird gegenstandslos.

Um Himmel und Erde zu vereinigen, braucht man Selbstvertrauen, das aber von aller Ichhaftigkeit frei sein muß. Wenn jemand sich sagt: «Hurra, jetzt habe ich es geschafft», geht er schon in die Irre. Himmel und Erde kann nur vereinigen, wer alles ichhafte Streben hinter sich zurückläßt, denn sonst hat er weder Himmel noch Erde, sondern bleibt hilflos in seiner selbstgezimmerten, künstlichen Plastikwelt stecken. Erst wenn man alles ichhafte Verlangen und Streben abgelegt hat, wenn man leidenschaftslos geworden ist, kann man Himmel und Erde vereinigen. Wäre der Meisterkrieger von seiner Verwirklichung der authentischen Gegenwart berauscht, so wäre das eine Katastrophe. Deshalb ist der Meisterkrieger bescheiden, sehr bescheiden und demütig. Seine Demut erwächst ihm aus der Arbeit mit anderen. Bei dieser

Arbeit wird ihm deutlich, daß er geduldig sein muß, daß er den anderen Zeit lassen muß, ihr eigenes Verständnis von Gutsein und Kriegerschaft zu finden. Wer fanatisch ist und anderen das grundlegende Gutsein gewaltsam nahezubringen versucht, erzeugt nur noch größeres Chaos. Deshalb muß er demütig und geduldig sein. Er läßt einfach zu, daß die Dinge zu ihrer Zeit ihre eigene Gestalt annehmen. Geduld besteht also darin, den anderen unablässig Sanftheit und Vertrauen entgegenzubringen. Der Meisterkrieger verliert nie das Vertrauen in das grundlegende Gutsein der anderen, in ihre Fähigkeit, Jetztheit und Heiligkeit zu verwirklichen und wirkliche Krieger zu werden.

Der Meisterkrieger führt seine Schüler nicht nur mit Geduld und Milde, sondern auch durch seine Wahrhaftigkeit, seine Verläßlichkeit und Festigkeit. Wäre die Wahrheit eine Fahne im Wind, so würde sie je nach den Umständen mal so und mal anders aussehen. Die Wahrheit oder Wahrhaftigkeit eines Meisterkriegers steht fest wie ein Berg. Man kann auf ihn bauen, er schwankt nie, er ist vollkommen echt.

Für den Meisterkrieger gibt es weder Furcht noch Trägheit. Er öffnet sich furchtlos für andere, und seine Bereitschaft zu helfen erfährt nie eine Unterbrechung. Jederzeit nimmt er Anteil an allem, was seine Schüler angeht – sei es die Zusammenstellung ihres Mittagessens oder ihre Geistesverfassung, seien sie glücklich oder traurig, fröhlich oder deprimiert. All das führt dazu, daß der Umgang des Meisterkriegers mit seinen Schülern von gegenseitiger Achtung und Humor geprägt ist.

Das Wichtigste ist jedoch, daß in allem, was der Meisterkrieger tut, Magie liegt. *Jede* seiner Aktionen ist dazu angelegt, den Geist seiner Schüler auf den Bereich des kosmischen Spiegels zu lenken. Er ist eine ständige Herausforderung für seine Schüler, über sich selbst hinauszugehen und in die weite, strahlende Welt einzutreten, in der er selbst wohnt. Die Herausforderung, die er darstellt, besteht aber nicht darin, daß er seinen Schülern ständig Hürden setzt oder sie antreibt; vielmehr ist seine authentische Gegenwart für seine Schüler die Herausforderung, selbst echt und wahr zu sein.

Alles in allem bezieht sich also die Idee der Übermittlung oder Nachfolge in der Shambhala-Lehre auf die Verbindung, die man zur ursprünglichen Weisheit hat. Diese Weisheit ist uns zugänglich, und sie ist äußerst einfach, aber zugleich auch ungeheuer weit und tief. Ohne den Zugang zu jenem reinen Bereich, in dem es weder Hoffnung noch Furcht gibt, bleibt uns nur das Haften an bloßen Begriffen, und das führt zu Herrschsucht und Verfall. Im Reich des kosmischen Spiegels ist das Haften an Begriffen und Zweifeln vollkommen unbekannt, und alle, die jemals die wahre Güte, das eingeborene, ursprüngliche Gutsein des Menschen verkündet haben, hatten in irgendeiner Form Zugang zu diesem Reich.

Im Lauf der Geschichte hat es viele gegeben, die nach dem höchsten Gut strebten und es anderen Menschen mitzuteilen versuchten. Makellose Disziplin und unerschütterliches Vertrauen sind dazu erforderlich. Ein jeder, der furchtlos gesucht und furchtlos verkündet hat, gehört der Linie der Meisterkrieger an, was auch seine Philosophie oder sein Glaubensbekenntnis gewesen sein mag. Für diese Führer der Menschheit und Bewahrer der Weisheit ist kennzeichnend, daß sie der Sanftheit und Echtheit furchtlos Ausdruck geben – zum Wohl aller fühlenden Wesen. Ihnen gebührt unsere Verehrung und unser Dank für den Weg, den sie uns geebnet haben. Sie sind die Väter und Mütter von Shambhala, denen wir verdanken, daß es mitten in diesem Zeitalter des Niedergangs möglich ist, an eine erleuchtete Gesellschaft zu denken.

Der Autor

Chögyam Trungpa, der Initiator der Shambhala-Schulung, ist Gründer und Präsident des Naropa Institute. Außerdem ist er Präsident von Vajradhatu, einer Vereinigung von über hundert buddhistischen Meditations- und Studienzentren in den Vereinigten Staaten, Kanada und Europa.

Als Linienhalter und Meditationsmeister der Kagyü-Schule des tibetischen Buddhismus war Chögyam Trungpa oberster Abt der Surmang-Klöster in Tibet, wo er auch den Titel des Khyenpo erhielt, der in etwa dem Doktor der Theologie gleichkommt. Zu dieser Ausbildung in Tibet gehörten auch Studium und Praxis traditioneller künstlerischer Disziplinen wie Kalligraphie, Verskunst, Tanz und Thanka-Malerei.

1959 mußte der Autor aus seinem Heimatland fliehen und kam nach Indien. Dort wurde er von Seiner Heiligkeit dem Dalai Lama zum spirituellen Berater der Schule für junge Lamas ernannt. 1963 reiste er nach England, wo er als ein Spaulding Stipendiat die Universität von Oxford besuchte. Hier studierte er westliche Philosophie, Religion, Kunst und Sprache. In dieser Zeit nahm er auch Unterricht im traditionellen japanischen Blumenstecken und erwarb den Titel eines Lehrers der Sogetsu-Schule des Blumensteckens.

1970 wurde Chögyam Trungpa in die Vereinigten Staaten eingeladen. Seitdem ist er in Boulder, Colorado, zu Hause und lehrt in vielen Orten der Vereinigten Staaten, Kanadas und Europas. Er ist Autor vielgelesener Bücher über den Buddhismus und den Weg der Meditation, darunter *Aktive Meditation, Spiritueller Materialismus, Das Märchen von der Freiheit* und *Feuer trinken, Erde atmen*. Dies ist sein erstes Buch über die Shambhala-Lehre. Chögyam Trungpa, der vielen als Meditationsmeister, Lehrer und Gelehrter bekannt ist, arbeitet auch künstlerisch und hat seine Kalligraphien, Blumenarrangements und Umweltdesigns in Galerien in San Francisco, Los Angeles und dem Gebiet von Denver und Boulder ausgestellt. Ein Film mit dem Titel «Discovering Elegance», der seine künstlerische Arbeit beschreibt, ist über Centre Productions in Boulder, Colorado, erhältlich.

Informationen über die Programme des Naropa Institute kann man direkt beim Institut anfordern: 2130 Arapahoe, Boulder, Colorado 80302, Telefon 303-444 - 7881.

Informationen über die Durchführung von Shambhala-Trainingsprogrammen in Europa und die Aktivitäten der Vajradhātu-Meditationszentren erhalten Sie bei:

Shambhala Training
Zwetschenweg 23
D - 3550 Marburg

Telefon (06421) 34244.

Im Vertrauen auf die Goldene Sonne des Ostens –
Möge der Rigden-Könige Lotosgarten der Weisheit erblühen,
Möge das Dunkel der Unwissenheit aller fühlenden Wesen
vertrieben werden,
Mögen alle Wesen sich vollkommener, strahlender Herrlichkeit erfreuen.

Garuda